U0566408

The Jinjiang Experience:

County-Level Practices in
China's Modernization Drive

县域现代化的
"晋江经验"

王春光 杨 典 肖 林 张文博 吕 鹏 等著

社会科学文献出版社
SOCIAL SCIENCES ACADEMIC PRESS (CHINA)

序

这本《县域现代化的"晋江经验"》，是基于"改革开放四十年全国百县市调查"——晋江调查报告，补充扩展而形成的著作，是对改革开放四十年晋江经验的一个很好的总结。晋江是此次百县市调查对象之一，由中国社会科学院社会学研究所课题组承担调查和写作工作。

晋江是我国福建省泉州市下属的一个县级市，改革开放之前默默无闻，但在改革开放的大潮中，却成了弄潮儿，在许多方面独领潮头，全国知名。中国社会科学院社会学研究所早在1992年就与晋江市（当时晋江刚刚改市）建立了合作关系，在老所长陆学艺先生的带领下，出版过一系列调研成果，一直延续到现在。

社会学研究所为什么长时间跟踪调查和研究晋江？这还得从20世纪80年代说起。改革开放极大地激发了全国人民发展经济的积极性，东、南、西、北、中涌现了各种做法和发展模式，其中最出名的，就是"珠三角模式"、"苏南模式"和"温州模式"，而"晋江模式"当时被视为"温州模式"和"珠三角模式"的混合版，在地理上晋江也处于温州和珠三角之间。因为"珠三角模式"以"三来一补"（来料加工、来样加工、来件装配和补偿贸易）为主，由外资（特别是港澳资金为主）推动发展；"苏南模式"是以集体乡镇企业为主推动发展；"温州模式"是以个体户和民营资本为主开启发展；而"晋江模式"则是以个体户、民营资本结合侨资为发展模式，因为晋江是知名的侨乡。这四个模式各有特色和优势，其中"晋江模式"介于"珠三角模式"与"温

1

州模式"之间,兼具了后两者的优势,由此带动了晋江(前期还包括现在的石狮市,它是从晋江分离出来的)的快速发展,晋江"民营资本集资办大事"的故事,被传为佳话。1992年晋江撤县建市后,一直处在全国百强县市的前20位,后来进入前十之列,而在福建则长期傲立首位。习近平总书记在担任福建省长期间,曾七下晋江开展深入调研,先后在《人民日报》和《福建日报》上发文,对晋江发展的经验进行了深刻的总结和提炼,提出"晋江经验"的"六个始终坚持"和"处理好五种关系":始终坚持以发展社会生产力为改革和发展的根本方向,始终坚持以市场为导向发展经济,始终坚持在顽强拼搏中取胜,始终坚持以诚信促进市场经济的健康发展,始终坚持立足本地优势和选择适合自身条件的最佳方式加快经济发展,始终坚持加强政府对市场经济的引导和服务;处理好有形通道和无形通道的关系,处理好发展中小企业和大企业的关系,处理好发展高新技术产业和传统产业的关系,处理好工业化和城市化的关系,处理好发展市场经济和建设服务型政府之间的关系。①

"晋江经验"不仅充分揭示了改革开放以来晋江发展所取得的发展成就及其背后的逻辑,而且对其他地方的发展也有很强的经验和理论借鉴意义;不仅限于县域层面,而且对于各省市乃至全国,也有参考价值。

40年前,晋江并不是一个令人看好的县,那里自然资源稀缺,土地贫瘠,人口众多,人地矛盾突出,且因长期处于战备前线区域,没有大型工业建设项目布局,经济基础非常薄弱。在这样很不利的前提条件下,改革开放以后,晋江竟然突破了一个个发展瓶颈,实现奇迹般的发展,这背后就是因为他们确实做到了"六个坚持",处理好了"五种关系"。在国家实行改革开放政策的大背景下,晋江充分调动自身的独特资源——华侨和"三闲"(闲房、闲资、闲劳动力),凭借着"爱拼敢赢"、"会拼会赢"和"善拼善赢"的精神,以每过几年上个台阶的速

---

① 《习近平总书记在福建的探索与实践》,http://www.xinhuanet.com/politics/2017 - 08/05/c_129673481_2.htm,最后访问日期:2019年7月24日。

度，从一个落后的县跃升为一个发达的县级市，从一个传统农业县蝶变为一个现代工业县级市，从一个一开始只顾及经济发展的县渐变为全面发展、全面进步的现代化县级市。

当然，晋江的现代化并不是一蹴而就的，在40余年的发展过程中也历经一系列坎坷、风波、挫折和挑战，但每次都更加激发晋江人的创新、拼搏、超越和勇往直前。这背后既有一些晋江的特殊因素在起作用，如晋江人的敢拼精神、悠久的经商传统、雄厚的海外侨资等，也蕴含着许多普遍性做法和原则，正如习近平总书记在"晋江经验"中所提炼的那样，晋江勇于改革创新，充分尊重市场原则，很好地处理了城乡关系、大小企业关系以及传统产业和高新产业的关系。晋江人那种开拓进取、开放包容精神与对优秀传统的坚守，令我印象深刻。改革开放40余年中，晋江的地区生产总值增长了上千倍。我多次去晋江，目睹了它奇迹般的成长，也在不断地思考晋江的奇迹般发展给学界留下的值得深入研究的问题。

这本《县域现代化的"晋江经验"》是迄今为止对"晋江经验"最全面的概括和总结，但晋江的现代化仍处在不断创新、开放和进取的过程中，需要继续跟踪调研、长期关注、深入研究那些具有普遍意义的规律性经验，它是中国道路、中国经验的一个重要组成部分。

目前巨大的城乡发展差距仍是我国走向现代化的最大软肋，县域经济的发展是解决城乡差距的主要一环。在我国2800多个县市中，大多数县市发展还是滞后的，如果全国有一半县市能达到晋江这样的发展水平，整个中国就会更上一层楼。从个案的窗口观察全局，仍是社会科学研究的一种基础性方法。期望读者在对本书的阅读中能够品味到我国发展的大势。

是为序。

2019 年 7 月 22 日于北京

目　录

第一章

新时代、新机遇和新挑战

我们正处在向着百年梦想进军的新时代，目标是到 21 世纪中叶建设成一个富强、民主、文明、和谐、美丽的现代化强国。建设现代化国家，是过去 40 年乃至上百年中国人孜孜追求的梦想和始终不变的目标。在新时代，我们一方面要把握住机遇，勇立潮头，另一方面也要回顾和反思走过的路，总结出助力新时代的宝贵经验和对策。从国家层面，在过去 40 余年的改革开放中，现代化国家建设取得巨大成就。在这个过程中，县域扮演了非常重要的角色，发挥了巨大作用，不管是人口、经济总量还是覆盖的国土范围都是最多、最大的，而且中国的改革开放首先是从县域实现突破的。与此同时，如果深入解剖当前现代化建设的区域进程，将会发现，县域又是我国现代化建设中的短板和软肋，在全国 2851 个县（含县级市和县级区），大约有 2/3 的县的现代化水平低于全国平均水平，县域城市、小城镇的现代化水平低于中小城市，更无法与大城市、超大城市相比。县域现代化将是新时代国家现代化建设的重点、难点和关键点。如果县域现代化建设不能取得显著进展，不能缩小与城市现代化的差距，则势必会影响百年现代化梦想的实现。

县域现代化建设怎么做才能满足和完成新时代的要求和任务呢？我国那么多县，在社会、经济、文化、自然环境和条件以及治理上千差万别，也许没有一个放之四海而皆准的现代化做法，但是，这并不等于相互之间没有一些可以借鉴的经验和做法。过去 40 余年的改革开放和现代化实践以及世界各国的现代化成功经验，都可以为县域现代化发展提供一定的支持，特别是，探讨过去 40 余年在县域现代化建设方面比较成功的县域经验，将为下一步县域现代化建设提供宝贵的经验启示。在中国，全国的县市都可以有这样或那样的实践经验和价值。本书向大家介绍的晋江市是百强县市中的佼佼者，长期位于百强县前十名之内。习近平总书记对晋江市的改革开放和现代化建设给予了很高的评价，早在 2002 年，时任福建省长的他就七下晋江，将晋江发展提炼成"晋江经验"。这个经验不仅对晋江后来的发展起到重要的指导作用，而且对其他地区的县域现代化建设能发挥重要的参考价值；不仅在以前有作用，而且对新时代的县域现代化建设依然有着重要的指导价值。本书正是出于这样的认识，从全国的县域发展层面去探讨新时代晋江发展的新经验，不仅能更好地推进晋江现代化建设，而且可以为其他地区的县域现代化建设提供宝贵的经验。

第一节　晋江现代化进程

一　经济现代化

2002 年 6 月，时任福建省长的习近平到晋江调研，并于 8 月 20 日在《人民日报》上发表了题为《研究借鉴晋江经验，加快县域经济发展》的文章，提出"晋江经验"，包含"六个始终坚持"和"处理好五种关系"。在过去的 17 年中，晋江现代化建设在以前的发展基础上又有了更大的进展和成就。我们课题组曾于 2006 年在对晋江进行深入调研的基础上，出版了《晋江模式新发展》一书，对晋江现代化建设进行了系统的梳理和总结，认为晋江发展出现了一些重要的实质性跃升：基本实现现代化，经济发展接近世界中上等水平；城乡基本实现统筹发展，城市化跨越提升；现代社会结构初步形成；等等。同时，我们也发现：当时晋江的第三产业还不足以适应第二产业的发展需求；制造业技术含量不高；人才及人才体系缺乏；资源瓶颈凸显；环境承载问题严重；城市基础设施滞后；外来人口融入问题明显；社会事业发展差距很大；等等。① 那么，在 2006 年到 2019 年的 14 年时间里，晋江的现代化建设和发展在多大程度上解决了这些问题？又有什么样的新问题出现呢？

可以这么来判断过去 14 年的发展：过去 14 年的成就远远超过 2006 年之前的 28 年（1978～2005 年），实现了更高质量的现代化发展。这两个阶段的起点和条件不完全相同，如果没有前 28 年奠定的基础，就不可能有后面 14 年的快速进步。如果说前 28 年的发展更多体现在经济上，那么后 14 年的发展在社会、文化、生态乃至总体上则都有明显展现，也就是，呈现了总体提升的特点，当然，经济的进步也是非常明显的。也就是说，"晋江经验"所概括的"六个始终坚持"和"处理好五种关系"，更进一步体现了"五位一体"的"全面发展"和全面现代化。

首先，2006 年，晋江地区生产总值为 502.69 亿元，比 1978 年增长了 347.4 倍，而到 2018 年，晋江地区生产总值高达 2229.00 亿元，虽然比 2006 年只增长了 3.4 倍，但是，绝对数净增了 1726.31 亿元，是前 28 年的 3 倍多。2006 年，晋江人均地区生产总值还只有 28542 元人民币（按常住人口计算），折合美元为 3580 元（当时汇率 7.9718）②，而 2018 年人均地区生产总值达到 105790 元，折合美元 15987 元，进入世界中等偏上收入水平，从人民币来说，增长了 2.7 倍。③ 自 1994 年开始，到 2018 年，晋江在经济实力上连续 25 年居福建省十强县首位；从 2001 年进入全国县域经济实力百强县前十之后，一直保持到 2018 年，

---

① 陆学艺主编《晋江模式新发展——中国县域现代化道路探索》，社会科学文献出版社，2007。

② 陆学艺主编《晋江模式新发展——中国县域现代化道路探索》，社会科学文献出版社，2007。

③ 中国社会科学院社会学研究所 2018 年晋江调研座谈记录。

达 18 年之久，2018 年位居百强县第四位。

晋江不仅在人均经济总量上已经达到世界中上水平，更重要的是已经构筑成一个相对完整、具有相当竞争力的现代化经济体系。晋江经济靠"三闲"（闲房、闲资、闲劳动力）起步、"三来一补"过渡、乡镇企业铺路、"三资"企业上路，经历了质量立市、品牌创市、资本上市以及新兴产业引领转换、国际化创新等阶段，迄今为止，晋江已经构筑成"制造与创造融合、传统与新兴并重、二产与三产并举"的新实体经济产业体系，形成了 2 个超千亿元、5 个超百亿元产业集群，46 家上市公司和国家体育产业基地、"中国鞋都"、"世界夹克之都"等 14 个区域品牌的品牌经济。2018 年晋江每平方公里的生产总值达到 34700 万元，是全国平均水平的 37 倍，是福建省的 11.8 倍，是泉州市的 4.5 倍，其地区总产值占泉州市的 1/4 强。晋江第三产业占比从 1978 年的 26.3% 增加到 2018 年 39.3%，虽然二产占比依然最大，但是，2013 年以来三产增速已经连续五年高于二产。晋江正在打造集成电路和石墨烯等新兴产业，而原先的产业也在不断升级换代、提高技术含量。以互联网为载体带动晋江产业现代化已经成为一个重要趋势。

特别需要指出的是，晋江已经初步形成现代化经济体系，特别是围绕制造业升级换代和新兴产业发展而形成了一套人才培养、技术研发和服务、物流服务、金融服务等体系。晋江产业内部已经形成由龙头企业引领，中小企业配套的生产格局，企业间发展出专业分工、服务外包、订单生产等多种合作方式，形成了互惠共赢的合作模式，充分发挥了龙头企业资本、技术、品牌优势，带动形成了一批具备"专、精、特、强、新"行业竞争优势的中小企业。这一模式不仅在传统纺织服装、制鞋等产业中发挥效用，也在新兴产业发展中得到灵活运用。例如晋江引入台湾联华电子集团，与之合作实施晋华集成电路存储器生产线建设项目，培育了一批以此为龙头项目的产业群，晋江的集成电路产业快速成型。晋江产业升级与新兴产业发展充分依托当地传统优势产业，能够以优势产业为基础，实现跨产业、跨链条的有机结合，充分利用当地雄厚的产业基础。例如，晋江机械装备产业主要依托于晋江纺织鞋服、食品、陶瓷等传统制造业智能化升级的强大外在需求，从晋江机械装备制造企业中升级衍生，现已具备相应的产业基础。晋江的现代服务业发展快速，扩展了传统产业经营渠道，形成了双向促进的发展模式。

与此同时，为推动晋江产业创新能力，晋江基于以企业为主体、市场为导向原则，一方面建立了"跨主体、跨企业、跨领域"多方合作的创新协同体系，另一方面也初步构建了创新服务载体，主要是强化产学研结合的跨主体合作，积极引入高等院校、科研院所、国家级工程技术研究中心、重点实验室等，有效对接企业技术中心，做到科研成果在晋江企业转化生产。同时建立各种渠道和平台，帮助有能力的企业承接国家、地方的创新研发项目。支持跨企业创新合作，发挥龙头企业与中小企业优势，引导龙头企业与中小企业在技术、管理、商业模式等方面多层次协作创新，支持企业间战略合作。建立跨领域合作机制，建立产业链不同环节的协作创新体系；鼓励制造业和服务业、制造业与信息产业多领域的创新联盟。另外，主导产业和战略性新兴产业均打造一个以上高端创新服务平台，加大国家公共技术平台的引进力度，整合各方在技术、人才方面的优势资源，解决行业共性技术难题，加强公共检测平台、公共认证平台、知识产权服务平台、展示交易平台的建设。

晋江现代经济发展的另一个特色就是产业园区的发展，呈现产城融合发展的态势。园区经济的好处在于在同一个空间内实现产业协调配套，从而产生规模效应，也可以节省经济成本，有利于提供共享的服务平台。目前晋江几乎每个乡镇乃至街道都兴办了工业园区，如灵源街道的五里综合工业园、东石镇的安东生态工业园和东石台资产业园、英林镇的英林服装贸易园、新塘街道的新塘工贸区、金井镇的省装备制造业基地金深园和深沪中小企业创业园等。产业园区或经济园区的出现和发展意味着晋江经济现代化又上了一个台阶。

显然，2002 年以来，晋江的经济现代化有了全新的、整体性的显著提升，一方面，现代化经济体系越来越完善；另一方面，现代经济的市场化水平、开放水平、科技水平、服务水平等都有了飞跃式提高。表面上，晋江还是一个县级市，但是其经济现代化水平可以与一些大城市看齐，在某些产业领域显示出强大的竞争力，而且在经济体系现代化建设上已经迈向全球化。

二 社会现代化

经济现代化与社会现代化相辅相成，互相促进。晋江经济现代化在很大程度上得益于社会现代化，比如大量人口向海外迁移，从海外带来资金、观念和经营技巧等。20 世纪 80 年代初，晋江第一家港资企业就是在香港的晋江籍同胞兴办的，由此带动了晋江制造业的发展；所谓"三闲"（闲房、闲资、闲劳力）中的"两闲"无疑也跟晋江的海外华侨华人有直接关系，因为从海外寄回的资金成为闲散资金，华侨移民海外留下的房子成为闲置房产，这些都成了可以盘活利用的重要资源。同样，经济现代化必然会带来社会变迁，虽然社会变迁不一定是社会现代化，但是晋江的情况则是社会现代化与经济现代化基本上同步行进。具体体现在城市化推进、社会事业发展、社会组织建设、社会治理和社区建设以及文明素质的提高等。

在过去 40 多年中，就与全国总体变化相比较而言，晋江城乡关系的变迁路径有其独特性，但是在改革初期的县域现代化层面又有一些规律性的东西。20 世纪 80 年代初，晋江工业从乡村开始，处处点火，村村冒烟，从乡村包围城市，而不是通过城市的辐射带动乡村工业化。按费孝通先生的说法，这是一条"离土不离乡"的工业化路径。与此相应的是农民职业的"非农化"和小城镇的发展。每个乡镇都有自己特色的工业产业，出现一乡一品乃至一村一品，如磁灶的陶瓷产业、陈埭的鞋服产业、深沪的雨伞产业、安海的食品生产基地等。在这个基础上发展出了诸多晋江品牌。由于是从乡村本土诞生的工业，因而自然留住了大量农村劳动力，也吸引了大量外来打工者，于是，晋江的乡村非农化和小城镇化就这样展开和发展，从而一发不可收拾。1987年，福建省政府批准了《关于晋江县城总体规划》，将晋江定位为"重点侨乡、以食品为主的轻工业城镇"。1992年是晋江城市化的一个关键节点，那就是"撤县设市"，提出要建设现代气派的城市。晋江市中心第一次快速拓展就是在这个时点之后。此后晋江市委市政府提出珠链式侨乡城市建设的设想，再到2007年提出"强化城市中心、促进城镇群建设"的设想。由此，城市规划越来越系统。现在晋江又开始了全域"一座城市"的建设步伐，打通城乡关系。到现在，晋江的城市化率已经超过60%了，更重要的是，晋江城乡一体化达到较高的水平，表现为城乡收入差距小、城乡公共服务相对均等、乡村社会经济发展水平总体上较高、外来人口市民化水平不断提高等。

当然，城市化不仅仅体现在城市规模、规划上，更体现在基础设施、公共服务、社会事业发展等方面。晋江的现代化是全域、全方位、多层次的现代化。晋江的城市化已经不是简单地追求人口规模和区域范围，而是转向对城镇内在价值和品位的追求，特别是提出了创新型国际城市的建设要求和规划。这些年晋江越来越把绿色视为城市的重要价值和重要内涵，从2013年到2018年，晋江的市区绿化覆盖率从41.37%增长到44.04%，绿地率从37.58%增长到39.94%，人均公园绿地面积从$10.24m^2$增加到$13.14m^2$。晋江一直以来都以《国家园林城市标准》和《城市园林绿化评价标准》要求自己。又比如，晋江最近几年非常重视垃圾处理设施、清洁卫生设施、生活污水处理设施等方面的建设。城市的社会服务和第三产业也有明显的发展，五星级宾馆数量在县级市中也是数一数二的。当然，这并不意味着晋江城市化已经完成，内涵城市化依然需要进一步推进，特别是如何达成创新型国际化品质城市这个目标也是需要思考的问题。

三 治理现代化

党的十八届三中全会提出国家治理能力和治理体系现代化，由此治理现代化成为各级政府着力推进和建设的重要目标之一。以前国家更多地提管理，现在则转向治理，那么治理不同于管理的是其更注重多元主体的参与，也就是说，治理现代化需要以现代化的理念、方法和手段实现多元主体参与的合作、协调和发展。晋江的县域现代化离不开治理现代化。治理的好坏直接影响到县域现代化。可以说，晋江县域现代化在很大程度上得益于治理现代化，因此讨论县域现代化，不能不讨论治理现代化。在晋江的治理中，政府是一个重要主体，其他参与主体包括企业（或市场）、社会组织、社区、村落、家庭、家族乃至个体。在多元参与主体之间，政府与企业（或市场）、政府与社会组织、政府与村落和社区等的关系在治理现代化中是最为重要的几对关系。治理现代化也就是指，这些关系的协调、合作是基于法理、规律、先进理念和技术等要素而得以实现的。晋江治理的现代化最明显地体现在以下几方面：政府与企业构建良好的、双赢的制度化合作关系；现代社会慈善嵌入丰厚的传统文化；外来人口越来越多地享受本地居民的基本权益；城乡公共服务和基础设施一体化水平在不断提高；城乡文明环境正在建构之中；开放、创新、智慧城市建设有了显著的进展；等等。

晋江治理现代化并非一日之功，而是一个久久为功的实践过程。本书后面将对这个过程进行深入的剖析和探讨，这里要指出的是，治理现代化实际上涉及经济治理、社会治理、公共服务治理、生态环境治理、开放治理、创新治理和文化治理等。现代化治理的首个要素就是理念，秉持的理念决定了治理的方式、机制和目的乃至效果。中央提出"创新、协调、绿色、开放、共享"五大理念，还提出了24字的社会主义核心价值观："富强、民主、文明、和谐、自由、平等、公正、法治、爱国、敬业、诚信、友善"，与此同时，法治与德治、自治融合。这些理念必会影响晋江治理现代化进程。实际上，晋江在治理现代化中已经将这些重要理念融入其政策、体制、机制和行动之中了。如晋江市政府非常重视"有为政府"、"法治政府"和"责任政府"等建设，在政商关系上秉持"亲清"理念，一方面努力为企业、公司和其他市场主体提供公共服务，另一方面又不越权干预，坚持"四到""四办"，即"不叫不到、随叫随到、说到做到、服务周到"和"马上办、网上办、就近办、一次办"。政府扮演好三种角色，即"引路人"、"推车手"和"服务员"。晋江市政府之所以能形成这样的治理理念，与它们在实践中长期与企业交往而形成的服务理念，或者说是长期的实践经验总结有关。同样，在对待外来人口的过程中，晋江从一开始只是将外来人口视为劳动者，后来渐渐地改变了看法，认为外来人口与本地居民一样是晋江社会必不可少的成员，享有平等的权利，从而将社会主义核心价值观落实到具体的政策中。

除了治理理念的不断创新和进步，治理的方式、机制和技术也在不断创新和发展。为了让人们享受更美好的生活，晋江在许多机制上进行了创新：如为实现城乡融合，让农村居民享受与城市居民同等的公共服务和基础设施，晋江实行城乡融合机制，推进路网建设、污水设施建设、垃圾处理以及医疗教育发展等；为了弥补医疗服务资源的不足，晋江引进外部优质医疗资源，全面构建"三大医共体、六大中心"，建立国际疑难病多学科远程会诊平台并使之高效运行，明显提升了晋江的医疗质量；为了培养更多高素质人才，晋江引进高校办学等。在这个过程中，体制机制改革创新显得尤为重要。应用现代先进科技，推进晋江治理现代化，已经是晋江市政府的共识。晋江运用现代网络技术，整合各个政府部门的服务功能，在线上和线下为所有在晋江生活、工作以及出差的人们提供即时、精准的服务，在一定程度上解决了服务"最后一公里"的问题。

晋江的社会治理中另一个比较活跃的主体是民间社会。民间社会在两个层面的治理上有比较高的参与度：一个是社区或村庄层面，另一个是社会公益（或慈善）层面。晋江的特色就在于这两个层面在很多时候是重叠在一起的，这是现代治理嵌入传统文化的体现。晋江人有着浓厚的乡土情结，他们一旦发了财，就很重视回报乡里，这就是晋江民间社会慈善的传统。虽然传统慈善大多停留在村庄和邻里的帮助上，但是现在已经扩展到全市范围。晋江慈善总会募集的资金达几十亿元之多，不仅被用于救助困难人群，而且被用于推动晋江社会发展和进步，如支持教育、医疗卫生等社会事业。每个村都有自己的爱心救助站，也募集了不少资金，同样地，这些资金除了被用于支持村里贫困家庭和学生，还被用于表彰学校优秀老师和学生、奖励考上大学的学生和见义勇为的人士等。村庄的慈善活动依托的是村庄的治理功能——村庄自治和党建。另外，晋江的行业协会相当发达，对于推动行业规范、合作和创新起到了很重要的作用。

治理现代化、经济现代化、社会现代化一同构成了晋江县域现代化的三个主要面向。虽然三者之间有一些重叠的内容，但是总体上它们从不同面向展示了晋江县域现代化的丰富内涵。人们看到的更多的可能是经济现代化，如经济总量的增加、产业结构的调整和升级、产业集聚和品牌建设、产业技术进步等。但是，经济现代化实际上离不开社会现代化和治理现代化。从政府角度来看，面对现代化和全球化、市场化，如何培育具有竞争力和持续能力的经济体就是一个重要的治理难题，如果没有有效的好政策和好机制，如果没有优良的服务环境，那么经济的发展就不可能获得良好的土壤，所以晋江市政府非常重视治理理念、政策机制和技术手段的创新。这也是晋江经济得以快速发展的重要原因之一。晋江以民营经济为主，如果没有社会的开放、包容以及社会事业的发展，晋江就不可能吸引外来人力为晋江服务。同时，晋江自身有着内在的发展机制和传统，晋江人有"爱拼就会赢"的气质，也有经营和创业的"天生"潜质，还有回报乡里的乡土执着。晋江社会现代化既是其他方面（经济和治理）现代化的基础，也从其他方面现代化中获得源泉。总体而言，晋江县域现代化在过去40余年取得了史无前例的进展，也比其他地方有更好的效果，但是这并非意味着晋江现代化已经达至理想目标，事实上还远没有到"寝食可安"的境地。

第二节　新时代现代化再出发面临的机遇和挑战

在新时代，晋江现代化既面临着巨大的机遇，又将面临许多挑战。用好机遇，想好对策，在新的起点上再出发和再创辉煌，是晋江面临的重大课题。

一　机遇

从大势来看，国内外的发展机会并没有减少，反而有增加的态势。"一带一路"和人类命运共同体的建设、多边外交的活跃等，旨在拓宽国家的发展空间和机会。更高质量的开放已经上升为国家战略。经过过去40多年的发展努力，国家已经有能力拓展国际空间，可以有更大的作为。国家发展空间的拓宽也在一定程度上为晋江今后更高质量的现代化建设提供了更多的机会。比如，晋江企业在参与"一带一路"建设上变得越来越活跃，业务范围涵盖东南亚、中东、中欧、西欧和非洲等。据此，晋江提出了国际化城市发展战略，无疑是相当明智和有战略价值的。

从中势来看，晋江同样有比以前更多的机会。福建省在中央的支持下，正在开展21世纪海上丝绸之路先行区、金融服务实体经济综合配套改革试验区、民营经济综合改革试点和"中国制造2025"样板城市等建设，这些政策的叠加效应将进一步显现。在这些政策实施过程中，泉州和晋江都是重点或者关键环节。晋江已经获福建省批准，成为打造中小城市发展和建设的样板。泉州市正在推进"创新泉州"、"智造泉州"、"海丝泉州"、"美丽泉州"和"幸福泉州"等"五个泉州"建设。在"五个泉州"建设上，晋江可以说是重中之重，比如泉州在实施高端制造业发展的筹划中，提出推动纺织鞋服、石油化工、机械装备、建材家居四大主导产业实现高端化、智能化、网络化、服务化、绿色化发展的目标，其中，晋江是纺织鞋服、机械装备和建材家居三大主导产业最重要的产业基地。

从小势来看，晋江自身已经具备在更大空间上发展自己的能力和条件。晋江的现代化发展已经取得惊人的成就，远远超越了作为一个县级市所应具有的容量和空间。从人均地区生产总值来看，其在"十二五"末已经达到 1 万美元了；到 2020 年，地区生产总值预计将超过 2500 亿元人民币，人均地区生产总值将达到 1.7 万美元，达到发达国家水平。从人口结构（206 万人）上看，晋江户籍人口与外来人口几乎达到一比一的程度了，也就是说，晋江发展所创造的就业机会和生活机会超出了其原来的人口就业需求。从目前来看，晋江几乎不存在失业问题，尽管有少数人可能没有就业，但是他们并不是想就业而找不到就业岗位的那些失业人员。不仅如此，晋江的经济空间远远超出了行政空间，从本地伸向全国乃至全球。晋江有许多企业在全国不少地方兴建工业园区，甚至在匈牙利、迪拜、芬兰等国都有它们的园区。也就是说，其经济发展超越了行政和地理边界。在本地，晋江目前能再利用的建设用地和空间已经很小，但是域外空间则是无限大的，意味着更大的发展空间。

民间的活力一直是晋江得以超越自己、实现现代化领先发展的坚实基础。在过去 40 多年中，晋江民间的现代化能力有了惊人的提升。民营企业是晋江现代化的支柱。晋江的民营企业在全国都有相当高的知名度，其国家级品牌之多，在全国县级市或者县都是少有的。晋江民营企业的一个重要特点是坚持做实业的传统和精神，持之以恒地做好企业核心竞争力，这无疑在市场竞争中赢得了一定优势。晋江企业不仅在市场上展现出其强大的竞争力，而且已经影响到其他领域，如它们协助晋江政府赢得了世界中学生运动会的举办权。晋江企业遍布世界各地，尤其是晋江有 300 万海外侨胞和侨裔，他们还会从不同角度和层面为晋江的下一步发展提供支持或机会。如晋江某村就利用其海外侨民的力量，建设了很好的公共基础设施，兴办了村庄养老院，在此基础上吸引游客来参观，从而有了村庄旅游和民宿发展。国内外民间社会资源的动员和发挥，是晋江得以成为全国重要民营经济发展基地的重要原因。

显而易见，从大势、中势和小势三个层面，晋江都可以说迎来了实现更高质量现代化的难得机遇。机遇就是时势，时势还得"运"起来，"运"势在于把握的能力和落实的力度，需要从体制、政策和执行上进行创新。如果不及时抓住时势，那么，不仅有错失的危险，而且会被其他人超越。这是有国内外先例可循的。

二 挑战

机遇与挑战是共生共存的。全球化、人类命运共同体和"一带一路"建设对晋江来说是机会，对其他县市也是机会，但是，机会不是无限的，关键在于谁能把握和用好机会。瞬息之间，机会就会倒转，竞争优势就会转移。这正是晋江在推进更高质量现代化建设的时候必须清醒地认识的这一点。

长期以来，晋江的发展都是以以小博大、以弱搏强的方式进行的。晋江现在出名的品牌很多都是从小作坊起步的，后来才慢慢做大做强。它们率先抓住了市场机会。但是，现在的晋江必须走一条转型提质、创新引领、质量至上的新现代化之路，其面临的环境和条件与过去大不相同。这里有体制、要素等方面的问题或挑战。

从行政体制来看，晋江毕竟只是一个县级市，在一些关键方面缺少很多的决策权乃至执行权，因此，在推进新现代化建设的时候，政府权力过小与高质量发展存在着不匹配，或者说不少张力，制约了政府在推进高质量发展上的作为和角色。虽然晋江在争取相关的权力方面做了一些尝试，取得了一些成效，但是总体上看，与高质量发展的需求还是有很大差距的。如晋江虽然有空港，但是海关权限很小；晋江需要高质量的教育发展，但是县级市几乎不能兴办高等教育，因此只能与高校合办，但是这在一定程度上还是限制了人才的培育；晋江几乎有一半的常住人口是外来人口，但是其权限和有关人员是基于户籍人口数量来配置的；晋江想发展成为中等城市，但是缺乏中等城市的权限；等等。所有这一切在中国的行政格局下不是一下子就能改变的。当然，从另一个角度来看，这一方面也许会促使晋江政府将精力更多地投入创新体制机制，另一方面也许会使晋江政府更多靠服务而不是靠权限去推动发展。

从要素上看，晋江目前的存量和质量都已经不足以支撑其高质量的现代化发展新需求。第一个要素是土地，晋江的建设用地基本上用完了，未来的发展只能依赖一些存量的建设用地的再盘活，因而会增加发展成本。当然，如果技术创新和产业转型升级能达到预期目标，那么，也可能会减少对建设用地的需求量。但这并不是短期内所能做到的。有限的建设用地如何在城乡达成合理的配置也是很有挑战的，因为乡村建设对建设用地的需求不断增加，但是同样数量的建设用地用在农村、农业上绝对没有用在城市和工业、服务业上合算。第二个要素是技术和人才。技术和人才是高质量现代化建设的关键性基础。没有技术的创新，就没有高质量的现代化，只有高素质的人才才能带来高新技术。但是，一方面，晋江不可能自己在短时间内培养大量的高新技术人才；另一方面，晋江对高新技术人才的吸引力还不够。大量高新技术人才宁可去厦门，也不愿意来晋江工作，因为晋江毕竟在地域位置、生活环境和发展机会方面都难以与厦门竞争。尽管目前晋江也出台了一些吸引人才的政策，引进和搭建了一些科研平台，但是从总体上看，需求与供给的矛盾依然突出。

第三个要素是以资本为核心的金融服务。相对于制造业和实体产业，晋江的金融服务业相对来说并不发达。金融服务业的发展需要大批不同层次的金融专业人才，与此同时，由于长期以来没有在金融服务业形成一套系统的政策机制，因此，也没有吸引和培养一批金融人才，在这种背景下，不能寄希望于短期内会将其吸引过来或造就出来。而且金融服务业有一种强大的虹吸效应：越是金融服务业发达的地方越能吸引来更多的高端人才，反之，就做不到，甚至连自己有限的金融人才也有可能被"虹"吸走了。除了金融服务业,其他现代服务业的发展也存在一些瓶颈,如物流服务业、科技创新服务业、高端社会服务业、社会创新和创意服务业等也面临人才瓶颈。

当然,挑战可能并不只限于这些,有时候挑战也是机会,没有挑战也就不会去抓机会,或者说创造条件去找机会。但是,挑战毕竟还是挑战,潜藏着许多风险和陷阱。深入解剖和反思晋江县域现代化进程及其经验,可以为下一步高质量现代化提供认识基础,更好地避开风险和陷阱,继续保持其在县域现代化上的领先步伐,同时为其他地区的发展提供可资借鉴的经验。这就是本研究的一个重要目的。

第三节　本书框架

本书的逻辑起点有两个:一个是"晋江经验",另一个是"新时代"。"晋江经验"是经历了过去 40 余年的现代化努力而形成的,也就是说,晋江形成了一系列在县域层面如何进行社会主义现代化建设的经验,即"六个始终坚持"和"处理好五种关系"。2007 年,我们对晋江模式的新发展进行了研究和探索,发现晋江的发展已经进入了一个新的阶段:从乡村包围城市到集聚城市,然后转向城乡一体化;从县、乡、村各自发展转向全市总体发展;从小企业到工业园区发展;从以经济建设为中心转向经济社会协调发展;等等。2017 年,我们就泉州践行"晋江经验"情况进行了研究。在这两次调查研究的基础上,2018 年,借助中宣部开展全国百县市改革开放四十周年调查研究之机,我们又对晋江的发展进行了深入调查,因此才有了目前这个研究成果。虽然是为改革开放四十周年进行的调研,但是现在已经进入了新时代。目前全国已经进入新时代,自然意味着晋江也进入新时代。从晋江自身的发展进程来看,其也进入了新时代。那么这个新时代对晋江意味着什么?晋江为这个新时代能奉献什么样的新经验?

原来的经验在新时代又有什么样的价值？本书就是在前面研究的基础上，探讨晋江在新时代县域现代化的路径、方法、机制和方向等问题。本书分为八章，八章的内容分别如下所述。

第一章 新时代、新机遇和新挑战。这一章从历史和当下背景讨论晋江作为县域现代化的先行者所走过的历程以及所达成的水平。本章从经济现代化、社会现代化和治理现代化三个层面去深入分析晋江现代化的内涵和轨迹，实际上也是为后面几章的研究提供了一个分析框架。也就是说，本书基本上就是从这三个维度讨论和研究晋江在新时代背景下的县域现代化问题。

第二章 县域现代化经济体系建设。现域经济体系是经济现代化的核心。晋江正在推进高质量的发展，在经济上的一个重要任务就是构建更高质量的现代经济体系，因此，就有对传统产业进行提质升挡转换的要求，与此同时，还要引进和发展高新技术产业和现代服务业等。在这里，现代企业制度、完善发达的市场体制、高质量的人才体系以及研发体系等，是现代经济体系必不可少的要素。

第三章 新型政商关系。晋江在推进经济现代化过程中的一个重要经验是"处理好发展市场经济与建设新型服务型政府之间的关系"，用现在的话说，就是构筑新型政商关系。这个政商关系表述为"亲清"，即亲密、清廉。所谓亲密，就是政府更热忱地为企业和市场服务，晋江概括为"四到"和"四办"，从软件和硬件上为市场提供更好的服务。所谓清廉，就是禁止官企利益交换和合谋，特别禁止官员卡、拿、要，为经济发展创造一个清正廉洁的政治环境。这是晋江经济得以强劲发展的一个非常重要的制度环境。

第四章 新型城镇化和城乡一体化。晋江的现代化特别是经济现代化采用的是乡村包围城市，然后集聚城市，再转向城乡一体化。虽然晋江存在着一些城乡分割问题，但是不像全国那么明显。一个县域本身是一个城乡互联的整体。晋江在经济现代化过程中渐渐地意识到城镇化和城乡一体化的重要性，从而开始改变散乱发展局面，对城乡进行统筹规划。到现在，晋江开始把全市作为一个整体城市来发展和建设，从而迈向高质量、创新型国际化品质城市发展道路。

第五章 农村现代化与新时代乡村振兴。在过去 40 余年，晋江农村在发展中曾一度起到先导性作用，虽然产业向城市和城镇集中，但是农村依然有其经济基础。晋江目前已经把乡村纳入城乡一体化进行规划和发展，但是并没有按城市建设方式来建设乡村，乡村成为晋江现代化发展的另一种多样性资源。在这个基础上，晋江推进乡村振兴、美丽乡村建设以及农村现代化发展。尤其需要指出的是，农村现代化并不是抛弃传统，而是让传统与现代实现有机结合，使农村现代化成为一种软实力，助力晋江县域现代化。

第六章 县域社会建设与社会和谐。经济发展与社会发展相协调，是现代化的内在要求。经济现代化的目的就是使人们的生活越来越美好，反过来说，人们有了美好的生活，就能更好地推进经济现代化。所以，晋江在推进经济建设的同时，非常重视社会建设。晋江民间有着浓厚的共享传统，而晋江政府也从基础设施、公共服务、社会福利等方面，将发展的成果让广大晋江人民（包括为晋江做出巨大贡献的外来常住人口）享受。当然，社会建设方面还有许多改善空间，特别是在新时代我国主要矛盾转化的情况下，社会建设就显得尤为重要。

第七章 党建引领县域治理体系现代化。晋江的党建有不少特色，特别是民营经济比较发达，这个领域的党建成为晋江的亮点。更重要的是，晋江的党建成为社会治理现代化的引领者。

第八章 县域现代化的"晋江经验"及普遍性意义。晋江的现代化已经超出了晋江地理空间，辐射全国乃至迈向全球，因此，晋江所积累的一些经验具有普遍性价值，特别是对全国县域现代化来说无疑是有参考价值的。

本书的研究还有一定的局限性：一方面是深度的研究还不够，另一方面是现代化内涵非常丰富，不是我们几个人所能全部胜任的。但是不管怎么说，通过对晋江过去 40 余年的县域现代化进行理论和实证的探讨，一方面，我们意识到，县域在中国现代化中具有重要的地位，县域现代化搞好了，中国的现代化也就没有什么问题了；另一方面，我们看到县域内部蕴藏着丰富的、强大的现代化发展和建设动力，需要从政策和体制机制上加以挖掘和保护。我们希望这本书不仅对晋江自身来说有承前继后的思考和总结带来的指导意义，而且对其他地方的人也有一些启发价值，那么我们的研究目的也算是达到了。

| 第二章 |
县域现代化经济体系建设

　　作为县域经济的典范，晋江模式和经验是中国改革开放进程的一个县域缩影。改革开放以前，晋江只是一个普通的农业贫困县；改革开放40余年至今，晋江取得了举世瞩目的发展成就。2018年，晋江市地区生产总值完成2229亿元，比上年增长9%；财政总收入230亿元，比上年增长6.4%；本级一般公共预算收入135.2亿元，比上年增长6.65%。晋江连续25年处于福建省县域经济总量第一位，第18年跻身全国百强县市前十，并入选全国首批创新型县（市）建设名单，区域创新创业指数位列全国县级在县域经济综合竞争力等多个方面始终处于全国前列。这个巨大的飞跃，是晋江县域现代化经济体系建设的成果。

　　建设现代化经济体系，首次提出于党的十九大报告，是党中央从党和国家事业全局出发，着眼于实现"两个一百年"奋斗目标、顺应中国特色社会主义进入新时代的新要求做出的重大决策部署。2018年初，习近平总书记强调，现代化经济体系是由社会经济活动各个环节、各个层面、各个领域的相互关系和内在联系构成的一个有机整体，包括产业体系、市场体系、收入分配体系、城乡区域发展体系、绿色发展体系、全面开放体系和经济体制等七个方面的内容。①

---

① 引自中共中央宣传部《习近平新时代中国特色社会主义思想学习纲要》，北京：学习出版社、人民出版社，2019，第119~120页。

县域现代化经济体系建设，是全国层面现代化经济体系建设的微观基础。因此，寻找县域现代化经济体系建设的实践探索，总结提炼其具体做法和先进经验，具有重要意义。我们认为，晋江经济发展的历史和现实，是县域现代化经济体系建设的一个样板。那么，晋江的经济发展具有什么特点，使之可以被称为县域现代化经济体系建设的样板？晋江县域现代化经济体系建设处于什么样的历史脉络之中？现阶段的重点是什么？对于全国其他县域现代化经济体系建设而言，晋江的经验能够带来什么样的启示？下面，我们对这几个问题进行分析。

第一节　晋江经济特点与县域现代化经济体系建设

晋江经济之所以能够被称为县域现代化经济体系建设的样板，是因为其经济发展的特征符合现代化经济体系建设的内涵和重点。这包含着两个方面的含义：第一，晋江经济自改革开放以来的发展过程，展现了现代化经济体系建设应该具备的一些基本要素，是现代化经济体系建设在县域层面的一个生动体现；第二，晋江的现代化经济体系建设，并不是已经完成，而是一直在路上，晋江经济始终在朝向现代化经济体系的目标奋力前进。本节主要讨论第一个方面，后文还会对第二个方面进行论述。

根据习近平同志在2018年1月30日中共中央政治局就建设现代化经济体系进行第三次集体学习的讲话精神，现代化经济体系的内涵主要包括七个方面：一是创新引领、协同发展的产业体系；二是统一开放、竞争有序的市场体系；三是体现效率、促进公平的收入分配体系；四是彰显优势、协调联动的城乡区域发展体系；五是资源节约、环境友好的绿色发展体系；六是多元平衡、安全高效的全面开放体系；七是充分发挥市场作用、更好发挥政府作用的经济体制。[①]

[①]　引自中共中央宣传部《习近平新时代中国特色社会主义思想学习纲要》，北京：学习出版社、人民出版社，2019，第119～120页。

纵观晋江经济 40 余年来的发展历程，可以发现，晋江的经济体系建设在上述七个方面确实都取得了一定的成绩，结合了晋江的地方特点与发展的阶段特征。晋江市委市政府始终引领、推动和服务着晋江的现代化经济建设，并且始终将上述这些方面作为一个整体来推进，呈现较为明显的体系化特征。

一　晋江的产业体系

与全国的很多县域地区一样，晋江经济发展的起点并不算高，但是在 40 余年的改革开放过程中，晋江一直着力于转变发展方式、优化经济结构、转换增长动力，在建设创新引领、协同发展的产业体系方面取得了显著的成绩。

（一）实体经济

晋江产业体系建设的一个显著特点就是始终坚守实体经济。晋江的一位地方领导在谈到这个问题时指出，"40 年来晋江能发展成今天这样，就是四个字——实体经济。晋江紧紧围绕实体经济，没有折腾过。不像有的地方，在有机会的时候就投机取巧不办企业了，开始做房地产、放高利贷、做金融。"[①] 正因为晋江紧紧抓住实体经济，所以不论是宏观经济下行压力还是金融风波，都不会对其经济带来颠覆性的影响。这被认为是晋江经济飞跃最根本的原因。

（二）产业结构

晋江产业体系建设的另一个重要特点，就是逐步形成先进制造业、高新技术产业和现代服务业协同发展的产业结构。40 余年来，晋江一方面在纺织服装、制鞋等传统产业的基础上增加研发投入，不断更新升级，推动先进制造业发展，另一方面则高度重视科技创新，引进高新技术，通过产业园区建设、高校科研院所合作、高端人才引进等方式发展

---

① 资料来源于中国社会科学院社会学研究所 2018 年晋江调研座谈记录。

高新技术产业，同时着力调整产业结构，提高服务业在产业结构中的比重，推动现代服务业的发展。

（三）产业集群

经过 40 余年的建设和发展，晋江的产业呈现优势明显的产业集群特征。目前，晋江"规模以上工业产值突破 4000 亿元，已有 7 个超百亿元产业集群（包括制鞋、纺织服装、建材陶瓷、食品饮料、装备制造、纸制品、新材料），其中，制鞋、纺织服装产业产值均超千亿元；集成电路、石墨烯、光伏电子等高新技术产业也取得重大突破，投资规模近 400 亿元的晋华存储器项目纳入国家'十三五'集成电路重大生产力布局规划和'910 工程'"[1]。

（四）产业生态

晋江不仅形成了协同发展的产业结构和优势明显的产业集群，而且在多种产业之间和产业内部逐步形成了良好的产业生态。一方面，产业之间相互配套，产生了很多联动创新的空间；另一方面，产业内部的上下游之间，龙头企业和中小企业之间，形成有序的分工协作，龙头企业带动中小企业，中小企业为特定的龙头企业服务，不同企业在产业链条中扮演不同的角色，构成了一些系统完整的全产业链条，逐步形成了和谐共生的产业生态。

二　晋江的市场体系

在经济建设过程中，晋江市委市政府一直高度重视发挥市场在资源配置中的基础性作用，始终保持市场运行的活力与秩序，在实现市场准入畅通、市场开放有序、市场竞争充分、市场秩序规范等方面取得了不少扎实的成绩。

---

[1]　引自晋江市政府提供的内部资料《晋江市经济体系建设情况》。

（一）民营主导

晋江经济的一个显著特点是，"94%以上的企业是民营企业，民营企业创造的产值、税收、就业岗位都在93%以上"[①]。从改革开放初期的集资办厂到驰名中外的大型企业集团，从生产规模的由小变大到科技研发的逐步精深，民营企业一直在晋江经济发展的舞台上扮演着主角，不断在市场中展现出强劲的活力。毫无疑问，民营企业在晋江的市场结构中占据了主导性的地位。

（二）品牌众多

晋江在经济逐步跃升的过程中，聚焦产品质量，强化品牌意识，增强市场竞争力，成功培育了一系列家喻户晓、走出国门的品牌产品。晋江"拥有国家体育产业基地、'中国鞋都'、'世界夹克之都'等15个区域品牌，持有中国驰名商标42枚，品牌企业专卖店、直营店超过25万家，有50多家企业到境外设立商务机构，恒安、安踏、七匹狼、九牧王等知名品牌逐步走向国际化"[②]。

（三）资本活跃

晋江经济的开放性体现在很多方面，其中一个重要的方面就体现为资本在市场中的活跃性。改革开放40余年来，随着晋江民营企业的迅速发展，晋江市委市政府注重推动企业股份制改造和培育上市公司，将地方性企业与更为广阔的外部资本市场连接起来。目前晋江"拥有46家上市公司，数量居全国县域前列，首发融资近200亿元，总市值超2500亿元；累计新三板挂牌15家，海交所挂牌交易和股改板3家，青创板挂牌展示131家"[③]。

（四）秩序规范

与很多地区一样，晋江早期的经济发展经历了粗放的过程，以致出

[①] 引自晋江市政府提供的内部资料《晋江市经济体系建设情况》。
[②] 引自晋江市政府提供的内部资料《晋江市经济体系建设情况》。
[③] 引自晋江市政府提供的内部资料《晋江市经济体系建设情况》。

现了产品质量等诸多问题,自那时起,晋江在继续开放市场的过程中,逐步加强市场秩序的监管,出台了一系列强化产品质量意识、品牌意识以及规范市场运作的政策文件,基层政府推行了一系列切实可行的管理举措以整顿市场,使得晋江经济能够较为顺利地进入有较高质量保证的规范发展阶段。

三 晋江的收入分配体系

晋江经济建设在体现效率的同时积极促进公平,逐步确立"全市统筹、城乡一体"的目标和"待遇均等化,保障全覆盖"的思路,不断增进民生福祉,为经济体系建设营造更好的社会环境,2018 年城乡居民可支配收入突破 4 万元。

(一)民生优先

晋江经济在发展的早期,更加注重效率优先。但随着经济的跃升,晋江在财政收支矛盾突出的情况下,越来越优先保证事关民生的财政投入,每年安排地方财力的 65% 以上用于民生建设。2017 年民生保障支出达 74.65 亿元,占一般公共预算支出的 66.56%;2018 年度民生支出 84.25 亿元,占一般公共预算支出的 70.33%,增长 12.86%;同时安排 6.12 亿元实施为民办实事项目。①

(二)五个率先

近年来,晋江在稳定财政对教育、医疗卫生、养老服务、生态环保、公共安全、公共文化等主要民生事业投入增长,保障民生政策托底的同时,全力增进民生福祉,最大限度提升人民的获得感、幸福感和安全感,在福建省实现了"五个率先"。一是率先实行公办高中和中职学校免学费,教育支出占财政支出比例超过 1/4,2018 年教育支出 37.5

---

① 引自晋江市政府提供的内部资料《发挥财政职能 促进经济社会和谐发展——改革开放 40 周年晋江市财政建设综述》。

亿元。二是率先实行乡村医生养老保障制度,近年来每年医疗卫生支出近 11 亿元,占晋江财政支出的 9%,并率先实行新农合跨省异地结报,财政每年配套投入近 5 亿元。三是实现被征地人员养老保险"即征即保",10 余万人参加被征地人员养老保险,同时积极落实精准扶贫,持续提高各类社会福利保障标准,每年安排"四帮四扶"专项资金 3000万元。四是率先将治安巡逻队配备到村一级,形成市—镇—村三级治安巡逻联创体系,组建 4000 多人的基层巡防队伍,每年财政支出 5500 万元。同时,财政支持实施"电子警察"、社会治理视频监控等科技强警,着力构筑公共安全体系。五是率先实现城乡环卫保洁一体化,将环卫保洁体系延伸覆盖到村一级,建立"村清扫收集、镇转运、市处理"的城乡一体的保洁模式,每个村都配备专职保洁员,财政每年投入超 1亿元。[①]

（三）三个倾斜

晋江的财政支出经历了从聚焦工业化和城镇化到统筹城乡和反哺农村的转变。随着经济发展和城市化进程的加快,晋江在进一步完善城镇社会保障体系基础上,逐步将工作重心向农村延伸,在公共财政上明确提出"三个倾斜",即"财政支出要向困难群众倾斜,向基层薄弱环节倾斜,向农村社会事业倾斜",农村社会保障工作有了长足的发展,在福建处于领先地位。

（四）内外统筹

除了城乡联动和城乡统筹,晋江正在逐渐形成内外统筹的社会保障体系。目前,晋江外来人口有 130 多万人,超过了本地人。为了让百万外来人员稳定工作、安心生活,晋江持续加大民生投入,统筹考虑农民工等外来务工人员的社会保障问题,将各项社会保障向他们延伸,比如坚持教育同城同等待遇,将来到晋江的务工人员子女纳入九

---

① 引自晋江市政府提供的内部资料《发挥财政职能　促进经济社会和谐发展——改革开放40 周年晋江市财政建设综述》。

年义务教育。[①] 各类保障提标扩面，全民参保登记计划全面推开，入选全国社会救助综合改革试点。

四　晋江的城乡区域发展体系

从边防农业小县到新兴中等城市，晋江在经济建设和发展过程中，始终面临着工业化与城市化、城市与乡村、县域与更大范围的区域之间的关系等重要问题。改革开放40余年来，晋江在这些问题上做出了富有成效的探索。

（一）工业化带动城镇化

晋江的城乡关系与其经济建设和发展的阶段性特征密切关联。晋江的城镇发端于农村，晋江的城镇化发端于农村工业化，改革开放初期，随着乡镇企业的异军突起，晋江开启了城镇化的进程。1992年，晋江撤县建市，以此为起点，晋江的城镇化进程进入了城市带动、推进城乡一体化发展的阶段。经过改革开放以来的发展，晋江从曾经的农业小县发展为新兴中等城市。不过总体来看，城市化滞后于工业化一直是晋江发展中的瓶颈。

（二）着力城乡统筹发展

近年来，晋江市委市政府"把统筹城乡发展作为事关全局的重要战略，着力扭转城镇化滞后于工业化的局面，全力推进中心城区和城镇体系建设，增强城市聚集、辐射、带动能力，加快构建城乡一体化格局"[②]。编制城市总体规划，拓展城市发展空间，实现城市规划和建设水平由小城市向中等城市的历史性跨越。在城市性质、城市规模、产业发展、市域空间结构、中心城区空间结构、交通体系、重大基础设施、公共服务设施、生态格局保护等方面进行了规划研究。尤其是构建了

---

① 引自晋江市政府提供的内部资料《发挥财政职能　促进经济社会和谐发展——改革开放40周年晋江市财政建设综述》。
② 引自晋江市政府提供的内部资料《晋江市城乡一体化建设情况工作汇报》。

"全市一城、一主两副、城乡一体"的市域空间结构，颇具创新价值，这在全国的县域中是具有典型性的。

（三）融入区域协调发展

改革开放 40 余年来，晋江的经济建设始终立足于区域的整体环境和晋江的地方特点。晋江市委市政府积极对接福建省委省政府建设海峡西岸的战略部署以及泉州市委市政府打造"大泉州都市圈"的宏伟蓝图，编制《晋江市城市总体规划（2010～2030）修编》，科学地确定城市性质为"中国品牌之都、海西地区现代产业中心、滨海生态城市"①。这样的定位，使得晋江能够更好地融入更大范围的区域发展格局中，同时能够发挥自身的比较优势。

五　晋江的绿色发展体系

从粗放式发展走向高质量发展，晋江在着力发展制造业的同时，也逐步加大生态环境的保护力度，通过政策引导、节能减排、企业增效等方面的举措，转变经济发展方式，推动产业结构优化升级，推进制造业与生态环境协调发展。

（一）政策引导

近年来，晋江致力于向绿色发展的方向转型升级，立足于有扶有控原则，顺应制造业阶段性转型升级的实际需求，每年组织一次本级产业扶持方面的政策梳理，充分发挥各级产业政策的扶持效应，并出台《关于促进传统产业转型升级的若干意见》，加大扶持企业技术改造、倡导节能减排、发展循环经济等方面的力度，鼓励引导产业朝绿色发展转型升级。②

（二）节能减排

晋江通过突出节能减排来倒逼制造业加速转型。实施园区循环化改

---

① 引自晋江市政府提供的内部资料《晋江市城市总体规划情况》。
② 引自晋江市政府提供的内部资料《推动生态文明建设　助推产业转型升级》。

造，推进清洁生产，大幅削减各种大气污染物排放，加强对高能耗、高污染重点行业的整治。依法淘汰一批工业领域生产能力落后企业，减少能源消耗和污染物排放，同时大力推行清洁生产，用高新技术改造传统产业，按照低碳低耗低排的标准建设好企业。严把项目能耗审批关，努力控制能源消耗强度。实行项目预审制，通过提高行业准入门槛和严格执行国家产业政策和晋江产业布局规划，将环境、安全和节能评估等作为产业准入的重要门槛，严格执行新建、改建项目评估审查评价制度和项目核准程序，禁止新进高耗能、高污染项目。[①]

（三）企业增效

晋江实施市级重点技术改造工程，鼓励企业引进境内外先进设备实施技术改造，改进生产工艺，促进产品升级换代，实现企业降本增效。成本的增加迫使一批企业不得不通过实施管理变革和节能改造来寻求降本增效空间。晋江市先后有大量规上企业导入精益管理模式，实现管理与效益的提升。晋江还大力发展循环经济，通过奖励和税收优惠等方式，鼓励企业创建循环经济示范企业，开展节能技术改造，降低能源使用量。[②]

六　晋江的全面开放体系

晋江经济的建设和发展，从一开始就受到改革开放的政策指引，在随后的过程中，更是不断对外开放，融入区域、全国乃至全球的经济体系中，是县域开放型经济的典范。

（一）人才战略

晋江在发展过程中，逐步意识到，实现经济社会高质量发展，人才保障是关键，通过全面的领导机制、扶持政策、人才计划、平台载体和

---

① 引自晋江市政府提供的内部资料《推动生态文明建设　助推产业转型升级》。
② 引自晋江市政府提供的内部资料《推动生态文明建设　助推产业转型升级》。

人才网络，集聚了多层次、宽口径、高质量的人才队伍。晋江对于全国乃至全球的人才，都是开放的，在全国同类城市中具有较强的吸引力。

（二）社会融入

晋江对流动人口采取了极为开放的态度，构建了具有包容性的政策体系。率先实行居住证制度、全面放开落户限制、创新推行市民化积分优待管理办法。同城同待遇、保障全覆盖，在就学、就业、住房、医疗、社会保险、薪资保障、社会救助等多个方面，落实了对外来人口的保障。在政治、思想、工作、生活等方面，积极引导流动人口融入本地社会，营造和谐共融环境。

（三）对外贸易

改革开放 40 余年来，晋江发挥侨乡优势，充分挖掘海内外 300 万晋江人的智慧，大力发展对外贸易，外贸经济总量迅速扩大、质量不断提高，成为拉动晋江经济增长的主导力量之一。晋江积极开拓国际经贸合作空间，在境外加工贸易、境外投资兼并、建立国际销售网络、参与国际经贸合作和港澳台经贸合作等方面取得不错的业绩。近年来，面对国内经济下行、市场需求萎缩的新形势，不少晋江的民营企业又纷纷调整发展步伐，在巩固国内市场的同时，响应国家"一带一路"倡议，加快推进海外投资布局，积极对接海外资金、市场、资源和人才等各方面要素，全力争取在国际产业链分工中抢占一席之地。改革开放 40 余年来，晋江对外贸易取得的成就包括，出口商品结构不断优化，外贸主体不断壮大，市场多元化战略日见成效，"走出去"方式不断优化。①

（四）配套建设

近年来，晋江从各方面的配套设施和制度建设出发，构建吸引国际人才的硬件和软件体系。晋江市委市政府着力于加快国际社区、国际学校、国际医院和国际酒店等城市配套基础设施的建设，全面推动通关提

---

① 引自晋江市政府提供的内部资料《改革开放四十年来我市对外经济贸易取得的成就》。

速、审批提效和服务提质，打造具有国际气息、人文特色的开放型城市。

（五）侨务网络

晋江的经济发展，从初期开始，就离不开海外华侨的大力支持。散布世界各地的华侨资源，已经成为晋江与世界联系的关键环节。晋江充分发掘侨务资源，与菲律宾达沃市缔结友城，成为增进中菲友谊的重要桥梁。

七 晋江的经济体制

晋江的经济建设和发展，离不开党委的正确领导和政府的职能转变，晋江市委市政府不仅注重充分发挥市场的基础性作用，而且始终着力更好地发挥政府作用，确保政府在经济体系建设中扮演恰当的角色。

（一）政商关系

在"亲"的方面，晋江主动助推企业发展，深化政企互动，全面了解企业真正需求，搭建党委政府与商会、企业沟通协商的制度化平台；主动宣介惠企政策，通过政策支持企业发展；主动推进金融服务，帮助企业解决资金问题；主动助推人才提质，解决企业人才智力问题；主动服务科技创新，激发企业创新转型活力。在"清"的方面，晋江严守底线，不放松廉政工作；以制度为新型政商关系保驾护航，强化党风廉政建设；加强学习，牢固树立正确价值观，签订干部个人党风廉政责任状；搭建商会平台网络，构筑政府与商界的桥梁纽带。晋江在服务晋商回归创业的同时也推动本土企业"走出去"，搭建政企互动平台，引导企业承担社会责任，开展百企帮百村、四帮四扶等活动，促进和谐稳定。①

---

① 引自晋江市政府提供的内部资料《构建新型政商关系 激发企业创新创业热情》。

（二）商事制度

近年来，晋江市通过"先照后证""多证合一"以及简易注销等一系列降低门槛的商事登记改革，释放市场活力，减轻创业者负担，为企业的生存发展提供良好的土壤。商事制度改革以来，晋江市场主体从 6 万个左右增长到 16 万个，其中企业从 2 万户左右增长到 5 万多户。

（三）政府作用

晋江市委市政府在经济建设和发展中发挥了至关重要的作用。政府的作用体现在很多方面，包括政府的角色定位清晰，政府的制度设计具有系统性和针对性，政府的运转效率很高，政府人员的精神状态昂扬，以及政府的政策环境具有持续性等多个方面。晋江全面构建 N 张清单体系，完成权力清单和责任清单两单融合，梳理公布"最多跑一趟"和"一趟不用跑"的清单，规范各类审批服务的资料，提升行政审批速度，深化审批制度改革。

第二节　晋江县域现代化经济体系建设的历史根基

那么，晋江的县域现代化经济体系建设具体处于什么样的历史发展脉络之中？晋江经济发展的上述特点，是在什么样的历史过程中形成的？经历了哪些重要的关键节点？这一部分我们将讨论这些问题。

回顾改革开放 40 年来晋江经济的发展历程，可以发现一条清晰的演进线索。晋江经济起步于改革开放初期动员群众联户集资创办的乡镇企业，先后经历了"三闲"起步、"三来一补"、三资企业、品牌建设、产业集群、转型提质等主要发展节点。其间，通过对生产技术、管理方式、产品质量、品牌创建、资本运作、产业生态和开放环境等方面的提升，晋江逐步形成比较完善的县域经济体系，迅速从改革开放前的"农业穷县"发展成为全国闻名的"工业强市"，走出了一条依靠民营经济和产业集聚形成产业集群，继而以扩大产业集群提升工业化、带动城市化的发展路子,被誉为"晋江经验"。

根据晋江市委市政府及各级干部的实践总结,改革开放以来晋江的经济发展可划分为改革开放初期的探索(1978～1991年)、市场规范发展的突破(1992～2001年)、晋江经验引领的跃升(2002～2011年)、经济新常态下的转型提质(2012年至今)四个阶段。[①] 我们认为,这是晋江县域现代化经济体系建设的历史根基。

一 改革开放初期的探索阶段(1978～1991年)

1978～1991年,晋江在改革开放初期的大环境中迸发出强劲的活力,经济保持持续高速增长,工业总产值在地区生产总值中的比重跨越式提升,县域经济的综合竞争力迅速增强。1991年,晋江跻身全国综合实力百强县市之列。

(一)农村工业化

改革开放初期,晋江通过农村土地改革,充分发挥侨乡优势,大力发展乡镇企业。1980年8月,晋江出台《关于加快发展多种经营和社队企业的若干问题的规定》,拉开了晋江农村工业化序幕,并先后出台"五个允许"(允许群众集资办企业、允许雇工、允许股金分红、允许随行就市、允许供销人员按供销额提取业务费)等一系列扶持政策。

(二)"三闲"起步

晋江放手发动农民集资联户办乡镇企业,特别是利用"三闲"以群众集资合股的新型合作经济形式创办企业。

(三)"三来一补"

晋江承接"三来一补"(来料加工、来样加工、来件装配和补偿贸易)业务,闯出了一条在全国独具特色的发展乡镇企业的路子。

---

① 下文关于四个阶段具体内容的论述主要引自晋江市政府提供的内部资料《晋江市经济体系建设情况》。

（四）股份制改造

20世纪80年代中后期，晋江积极为民营企业戴"红帽子""洋帽子"，让私营企业挂靠村办、镇办，把"夫妻厂"、"父子厂"和"兄弟厂"等民营企业纳入集体企业或三资企业范畴，并大力引进侨资侨力发展乡镇企业，推动联户集资企业改造成股份合作制，逐渐走出了一条"以市场为导向、以外向型经济为目标、以侨资为依托、以联户集资股份合作为主要形式、以劳动密集型为基础"的"晋江道路"。

二 市场规范发展的突破阶段（1992～2001年）

1992～2001年，在建立社会主义市场经济体制的宏观背景下，晋江进入了活力进一步释放、市场规范程度逐步提高、产品质量和产业规模稳健提升的发展阶段。此时的晋江已经成为泉州、全福建省乃至全国最具活力的地区之一。

（一）规模工程与质量立市

1992年，邓小平南方谈话在全国掀起了进一步改革开放的热潮。该年，晋江撤县建市。晋江市委市政府加强对企业的服务和引导，更加注重企业质量和信誉，实施规模和质量"两大工程"，1995年提出了"六五"规模工程和"质量立市"。

（二）品牌战略

1998年，晋江市委市政府提出了"品牌立市"，并建设"晋江市工业园区"。这些举措不仅推动了产业集群的发展导向，也助推了"品牌之都"和证券市场"晋江板块"的后续发展。

（三）产业集群

自1999年以来，特别是进入21世纪之后，晋江产业集群发展思路更加明晰，承办"首届中国产业集群经济发展（晋江论坛）"，出台《晋江市2004～2008年产业集群发展规划纲要》，逐步形成了纺织服装、制鞋、制伞、食品饮料、建材陶瓷、纸制品等六大规模产值超百亿元的产业集群。晋江的一些支柱产业使之确立了全国主产区地位，并形成了完整的产业链条，尤其是纺织服装、制鞋、制伞等产业，基本形成了从生产到销售整个流程的良好产业生态环境。同时，晋江也开始着手品牌和资本的"双翼计划"。

三　晋江经验引领的跃升阶段（2002～2011年）

2002～2011年，"晋江经验"的提出引领着晋江经济的加速跃升。2011年，晋江地区生产总值首次突破千亿元，全年实现地区生产总值1095.68亿元，三次产业结构比例为1.6∶67.4∶31.0，全市财政总收入完成136.06亿元。

（一）晋江经验

2002年，时任福建省长的习近平，基于七下晋江调研经济发展实践的思考，提炼出"晋江经验"，同年分别在《人民日报》和《福建日报》上发表文章，总结出"六个始终坚持"和"处理好五种关系"来概括晋江经验的启示，即：始终坚持以发展社会生产力为改革和发展的根本方向，始终坚持以市场为导向发展经济，始终坚持在顽强拼搏中取胜，始终坚持以诚信促进市场经济的健康发展，始终坚持立足本地优势和选择符合自身条件的最佳方式加快经济发展，始终坚持加强政府对市场经济的引导和服务；处理好有形通道和无形通道的关系，处理好发展中小企业和大企业之间的关系，处理好发展高新技术产业和传统产业的关系，处理好工业化和城市化的关系，处理好发展市场经济与建设新型服务型政府之间的关系。晋江经验的提出，既是对晋江发展经验的总结，也是对晋江县域经济体系进一步发展的指引，晋江由此进入加速跃升阶段。

（二）品牌之都

在"晋江经验"的引领下，晋江市委市政府下决心培育和支持一批真正有影响力的大品牌，2002 年正式提出打造"品牌之都"的计划，主要是针对创建国家级品牌企业进行奖励（具体而言，晋江市政府决定对获批"国字号"的品牌企业每家奖励 100 万元，2005 年以 1800 万元奖励了 2003 年以来的创牌和达标企业）。正是在这样的政策环境中，晋江迅速产生了一大批享誉国内的知名品牌企业，并且先后获得了"世界夹克之都"、"国家体育产业基地"、"中国鞋都"和"中国拉链之都"等"国字号"的区域品牌，在全国乃至世界范围内形成了规模较大的品牌集群，成为全国重要的制造业品牌基地之一。

（三）资本市场

2001 年，晋江市在福建省率先成立"上市办"，出台《关于进一步推进企业改制上市工作的意见》，自此，晋江市政府开始了持续鼓励和推动企业上市的工作。2007 年，晋江市政府拨款 1000 万元，设立"晋江市企业上市发展专项资金"，专门用于扶持企业改制上市。截至 2011 年底，晋江的上市公司达到 37 家，上市公司数量在全国县级市中排名第一。至此，上市公司构成的"晋江模块"资本市场规模已经基本形成。

四 经济新常态下的转型提质阶段（2012 年至今）

2012 年以来，中国经济呈现从高速增长转为中高速增长、经济结构不断优化升级、从要素驱动和投资驱动转向创新驱动的新常态，晋江市委市政府深入贯彻落实十八大以来中央的各项路线方针政策，着力稳增长、调结构、惠民生，向更高质量的经济发展迈进。

（一）产业升级

经济先行的晋江也更早遇到了发展中的问题，如产品产业结构不够合理、产品同质化、创新能力不足等。与此同时，以制鞋和纺织为主的晋江传统制造业遭遇国内增速换挡、结构调整阵痛等"三期"叠加的特殊困境。在经济新常态下，晋江通过不断调优产业结构、加大政策引导和招引优质新兴产业项目等措施促进动力提升、产业转型，促进经济发展提质增效。第一，在传统产业方面，晋江出台了扶持推动先进制造业发展的系列措施，同时搭建平台、引进人才、强化创新，从鼓励企业实施品牌创新、技术创新、产品创新、渠道创新、管理创新、倡导绿色制造等八个方面引导推动传统产业的转型发展，晋江的研发投入和专利数量等位列福建省各县（市、区）第一。第二，在高新技术产业方面，晋江市围绕高新技术产业强市的产业发展目标，实施大招商、招大商行动，通过引进龙头项目、铸强产业链条、优化配套环境等方式，使高新技术产业实现了从零星项目到产业链全面布局、从弱小向集群化发展的重大突破。第三，在现代服务业方面，晋江坚持生产性服务业与生活性服务业并进，通过强化政策扶持、建设载体平台和培育新兴业态等方式，保持了现代服务业加速发展的态势。

（二）品质城市

工业化和城市化发展不同步，城市化落后于工业化，城市的品质不够，对国内外高端人才吸引力不足，是晋江经济进一步发展面临的挑战。2012年以来，晋江深入推进新型城镇化试点建设，主动融入海西建设和泉州环湾发展的区域化格局，定位于建立国际化品质城市，突出精心规划、精致建设、精细管理，推动产业结构与空间结构联动优化、资源配置与人口分布相互协调、历史文脉与现代文明交相辉映，努力打造功能完善、特色彰显、生态一流的品质城市。为此，晋江全力推进"五城同创"，即提升产业竞争力，打造更具活力的智造名城；提升城市承载力，打造更重品质的环湾新城；提升社会凝聚力，打造更富内涵的幸福康城；提升发展持续力，打造更加美丽的生态绿城；提升文化软实力，打造更高追求的人文之城。[①] 2014年，晋江推进新型城镇化试点的工作获习近平总书记重要批示，"晋江经验"注入新内涵。经过这些

---

① 引自中共晋江市第十二届代表大会第二次会议上的报告《深入贯彻党的十八大精神　奋力开创晋江科学发展跨越发展新局面》。

年的努力，晋江城市面貌焕然一新，晋江正在为现代化经济体系的建设打造良好的城市环境。

（三）国际战略

晋江经济的腾飞源于服装、制鞋等传统产业，但是这些传统产业却越来越面临着来自国内外更为激烈的产品竞争。在这种背景下，晋江市委市政府以更具主动性的战略眼光，推动企业走向国际市场，同时积极打造国际化的营商环境。2016年以来，晋江市委市政府围绕融入"一带一路"建设，对接集成电路等国家重大生产力布局，以国际化视野谋划晋江发展，用好"侨""台"资源，抢占"海丝"建设高地；同时以国际化标准完善城市配套，营造一流营商环境，让城市更具"国际范"，以国际化思维汇聚全球技术、高端资源、国际英才，打造更多国际企业和国际品牌，力求构建企业在晋江、资源在全球、市场国际化的发展格局，不断提升晋江产业的国际影响力。①

第三节　当前晋江县域现代化经济体系建设的重点

习近平总书记在2018年1月30日中央政治局第三次集体学习时，提出了建设现代化经济体系要突出抓好的五项工作：大力发展实体经济，筑牢现代化经济体系的坚实基础；加快实施创新驱动发展战略，强化现代化经济体系的战略支撑；积极推动城乡区域协调发展，优化现代化经济体系的空间布局；着力发展开放型经济，提高现代化经济体系的国际竞争力；深化经济体制改革，完善现代化经济体系的制度保障。②这五个方面，指明了现代化经济体系建设的实践路径。

①　引自中共晋江市第十三届代表大会上的报告《敢拼会创　砥砺前行　为建设国际化创新型品质城市而努力奋斗》。

②　引自中共中央宣传部《习近平新时代中国特色社会主义思想学习纲要》，北京：学习出版社、人民出版社，2019，第120~122页。

当前，晋江正处在转变发展方式、优化经济结构、转换增长动力的攻关期，建设县域现代化经济体系是跨越关口的迫切要求和战略目标。现阶段，晋江市委市政府以全面加快国际化创新型品质城市建设为总体目标，加快推进县域现代化经济体系建设，正是聚焦于习近平总书记指出的这五个方面，晋江在每一个方面都提出了明确的工作思路和推进路线。与此同时，晋江还着力提升民生保障和基本公共服务均等化的水平，为前述五个方面构建坚实的社会基础。①

一 坚守实体经济，营造产业生态

晋江市委市政府以供给侧结构性改革为主线，确立"先进制造业立市、高新产业强市、现代服务业兴市"的新实体经济发展思路，坚守实体经济，营造产业生态，构筑转型升级新支撑，持续提升发展质量。切实按照"一个产业、一张路线图、一支基金、一份政策、一个创新平台"的要求，编制实施转型升级路线图计划，营造链条完整、配套齐全、要素完备的产业生态，推动传统产业转型升级，推动高新技术产业突破发展，推动三产跃升发展。

（一）支持民营经济健康发展

民营经济是晋江发展的绝对主力，晋江市委市政府毫不动摇地鼓励、支持和引导民营经济健康发展。

（二）推动传统产业转型升级

晋江市下决心改变传统产业同质化竞争、产品附加值低的局面，加快发展先进制造业。以企业国际化为导向，鼓励龙头企业并购国际知名

---

① 下文中关于当前晋江县域现代化经济体系建设六个方面重点的论述资料，主要引自晋江市 2016 年和 2017 年的《政府工作报告》，以及中共晋江市第十三届代表大会第二次会议上的报告《深入学习贯彻党的十九大精神 全面加快国际化创新型品质城市建设》和中共晋江市第十三届代表大会第三次会议上的报告《改革创新再出发 在高质量赶超中谱写"晋江经验"新篇章》，后文中不再一一标注，特此说明。

品牌，把生产基地、营销网络布局到全球，参与国际竞争。以整合供应链为导向，引导中小企业转型做代工和配套，培育产业梯队，推动各行业差异化发展，提高传统产业整体竞争力。坚决落实减税降费、提质增效各项帮扶措施，全力破解中小企业发展难题。推动"互联网+"、"大数据"、人工智能和传统优势产业深度融合；持续以智能化改造提升传统产业，做强加工制造环节；引导产业向前端研发和后端服务延伸，加快鞋服产业向体育产业全链条发展。

（三）推动新兴产业发展壮大

晋江市下决心改变高新技术产业项目少、规模小、链条薄弱的局面。瞄准高端、新型、重化产业方向，推动集成电路、石墨烯、智能装备、光伏电子、汽车制造等产业项目落地，集中力量打造全球重要内存生产基地、中国石墨烯产业前沿高地。进而，依托晋华存储器、石墨烯产业技术研究院、HDT高效太阳能电池等龙头项目，开展全产业链招商，推动集成电路、"石墨烯+"、新能源产业集群化发展。目前，集成电路等全产业链渐成雏形。

（四）推动服务业增量提质

晋江市下决心改变服务业占比低、总量少、业态水平不高的局面。坚持生产性服务业和生活性服务业并重，加快培育发展智慧物流、电子商务、信息科技、现代金融、学前产业、旅游运动、健康养老等业态，推动服务业跨越发展。坚持先进制造业与现代服务业并举，打造现代服务业大企业、大平台、大市场，以服务业跃升带动制造业升级，推动二、三产融合发展。

（五）优化产业生态

最近几年，晋江市逐步调整引领和服务经济发展的发力重点，即逐步由扶持企业个体向加强产业链条和构筑产业生态转变，着力打造配套完善、要素齐全、服务高效、活力十足的产业生态圈。

二 构建创新体系，壮大经济动能

晋江市委市政府聚焦构建创新体系，壮大经济发展新动能。深入实施创新驱动和人才强市战略，推进以科技创新为核心的全面创新，加快构建创新创业发展示范区，全方位打造创新型城市，为经济发展提供源源不断的内生动力。

（一）突出企业创新的主体地位

晋江市将培育高新技术企业、高成长型企业作为转型升级的主抓手，深入开展品牌、标准、专利"三大行动"，引导龙头企业设立高端前瞻、行业领先的新型研发机构，支撑企业从主要依靠要素投入向更多依靠创新驱动转变，打造一批创新型领军企业和科技小巨人企业。

（二）搭建完备高效的创新平台

晋江市立足产业需求，大力推行公办专营、民办公助、企办补贴等模式，引进更多产学研平台；梳理扶持政策，优化财政投入机制，建设一批政府主导、行业普惠的重点实验室和研发平台。目前，石墨烯产业技术研究院等创新平台持续完善。

（三）汇聚多元实用的创新人才

晋江市坚持"高精尖缺"导向和"实用管用"原则，注重产才融合、分类施策，持续推进"四大人才计划"。改革人才评价体系，扶持"创二代"企业家，培养职业经理人，广纳人才，引育高技能人才，优化"引育留用"全链条人才生态，汇聚推动发展的智力资源。

（四）建立活力迸发的创新机制

晋江市大力推进创新链、资金链、政策链、人才链协调联动，完善孵化、研发、中试、成果转化、知识产权保护、科技金融等制度支撑，不断完善三创园等创新平台市场化运行机制，打通"研发—孵化—加速—产业化"服务链和资金链，让创新成果就地转化为现实生产力。

（五）深化创新创业的体制改革

晋江市强化知识产权保护和运用，优化人才激励机制，创新成果转化股权和分红方式，推动创新链、金融链和产业链深度融合；将人才引育、高新企业和专利数量等作为硬指标，加大创新工作在绩效考核中的分量，构建市、镇两级共抓创新格局。

三　冲刺全面小康，提升民生水平

晋江市委市政府广泛征求"两代表一委员"、老干部和社会各界人士意见，同时全面分析"12345"热线、书记信箱、市长专线等渠道的建议诉求，聚焦就业、住房、教育、医疗、养老、交通、安全稳定等领域的热点问题，着力基本公共服务的优质平衡发展，让群众有更多实实在在的获得感、幸福感和安全感。

（一）构建全方位的民生保障体系

晋江着力实施更加积极的就业创业政策。加大困难家庭、退役士兵、无业人员、被征地农民等重点群体就业创业培训力度，让群众有更稳定的就业、更高质量的创业。推动社会保障扩面提质。加快养老保险法定人员全覆盖，深化"四帮四扶"，开展精准救助，确保小康路上一个都不少。加强住房保障。推动房地产市场健康发展，有序推进石结构及危旧房改造，加快安置房建设回迁，破解物业管理难题，让群众住得安心、过得舒心。

（二）构建优质均衡的公共服务体系

晋江坚持教育优先。加快中心城区教育资源扩容提质、镇村教育资源整合提升，推动城乡基础教育向更加优质和均衡方向发展。加大高端教育资源供给力度，正在着力引进落地一批名校。完善教师管理体制，加大名师、名校长、名班主任引育力度，建设新时代"四有"教师队伍。支持理工学院、轻工学院特色发展，提升职业教育现代化水平。规范校外培训机构发展，积极拓展终身教育，打造人民满意的全链条教育。优化医疗服务。积极对接高端医疗资源，深化合作，着力在"三甲"医院引育上取得新突破。深化医药卫生体制改革，完善分级诊疗体系，实施全民健康信息化工程，强化重大疾病防控，加快各类医院建设，打造更多名医名科名院，让群众在家门口就能看好病。打造多元养老格局。加快完善市、镇、村三级养老服务设施，推动一批镇村敬老院建成投用。鼓励社会资本参与养老产业，积极探索医养融合、智慧养老、"嵌入式"养老等新模式，实现服务供给与老年需求精准对接，让老年人都能乐享晚年。

（三）构建和谐安全的社会环境

晋江着力创新社会治理。深入学习"枫桥经验"，不断完善网格化服务管理，真正做到"人在网中走，事在格中办"。深化"六守六无"系列平安创建。健全社会治安防控体系，纵深推进扫黑除恶专项斗争，扎实抓好食品药品、公共卫生、安全生产各领域工作，不断提升群众安全感。建设法治晋江。弘扬宪法精神，全面提升依法行政、公正司法和全民守法水平。打造诚信晋江。始终坚持以诚信促进市场经济健康发展，加大失信联合惩戒力度，全力破解执行难，让失信者寸步难行、守信者处处受益。

四 统筹城乡发展，优化空间生态

晋江市委市政府坚持"全市一体，城乡统筹"，聚焦城市品质，完善功能，提升内涵，打造"本地人留恋、外地人向往、更多人可托付终身"的现代化品质城市。深化新型城镇化建设，把留白、留绿、留旧、留文、留魂等多种智慧，通达、便利、生态、安全等多种因子融入城市工作，推动城市形态、业态、文态、生态以及城乡关系系统发展。

（一）构建现代城市形态

晋江市坚持"先规划后建设、先环境后开发、先地下后地上"，按照"一主两辅"城市布局，集中力量做强做优中心城区，全力推进晋东新区、高铁新区等六大新增长区域和组团片区建设，完善提升市政配套，围绕全域田园风光建设、特色小镇培育、最美乡村打造等推进重点项目，预计2021年城市建成区拓展到117平方公里、城镇化率提高到70%。

（二）发展高端城市业态

晋江市按照"产城互动、融合发展"要求，把重心从大拆大建转向集约式、内涵式发展，开展城市业态策划，加快发展都市产业，创造更多就业岗位，让城市既有"城"的形态，又有"市"的繁荣。

（三）培育特色城市文态

晋江市按照"固态保护、活态传承、业态提升"思路，充分挖掘文化资源，建设具有鲜明晋江印记、吸引世界眼球的文化地标、人文景观，让闽南特色文化充分彰显。

（四）塑造优美城市生态

晋江市按照"生态优先"原则，加快建设国家生态文明试验区，深入实施生态水域治理、绿色廊道等重点工程，深入开展城乡环境综合整治，让晋江蓝天常在、绿水长流、空气常新。

（五）落实乡村振兴战略

晋江市全力推进乡村振兴战略，深入推进农村土地制度改革三项试点、土地承包经营权确权登记颁证、集体产权制度改革、林地占补平衡、一二三产融合发展等试点。推动公共设施和服务向农村延伸，让农村和城市享有同样的生活品质。出台壮大集体经济措施，积极拓展农业功能，持续拓宽农民增收渠道，建设最美乡村，推动休闲农业和乡村旅游深度融合。

五 立足国际战略，打造营商环境

晋江市委市政府聚焦打造国际化营商环境，拓展改革开放新作为。

对接"一带一路"倡议，对标北上广深等城市，深化政府职能转变，加快营造亲商、安商、富商的国际化一流营商环境，把改革开放推向新阶段。

（一）建设国际影响的知名城市

晋江市加强对外城市推广，整体策划城市推广方案，开展城市宣传推介，发挥重大涉外活动宣传效应。引入国际化赛事运营机制，发展竞赛产业，高水平承办沙排、马拉松等赛事，积极申办国际性综合运动会。启动国际会展中心建设，办好体育产业博览会、闽台食品交易会等品牌展会，积极承办国际和地区性论坛、年会、峰会等活动，提高国际知名度。

（二）优化国际经贸的合作环境

晋江市加快发展保税加工贸易、保税物流、保税研发、保税维修、融资租赁等业务，为集成电路等国际合作项目配套，打造开放型经济新增长极。完善外贸服务平台，健全关检、税汇、金融联动机制，优化外贸环境。引导企业用好国际国内两个市场、两种资源，支持企业并购境外品牌、研发团队，打造国际营销网络，加快培育本土国际化企业。

（三）构建国际标准的政策支撑

晋江市对照国际市场竞争需要和企业人才需求，把制度创新重点转向完善规则、强化监管，加快投资贸易、市场监管、金融服务等领域，建立与国际适应的市场通行规则和政策体系。

（四）建设国际品质的设施配套

晋江市顺应国际资本、信息、人才流动趋势，把公共配套重点转向建设高品质基础设施和产业平台，加快推进泉厦漳联盟高速路、福厦高铁晋江段、机场扩容、滨海新区填海造地工程、集成电路产业园等项目，建设国际社区、国际学校、国际医院、国际酒店，持续优化投资环境。

六　深化体制改革，转变政府职能

近年来，围绕更好地服务企业、服务经济社会发展，营造更加优越的营商环境，晋江市委市政府进一步加快政府职能转变部署，不断深化体制改革，聚焦"放管服"改革，致力于建设服务型政府。

（一）实施精准扶持政策

晋江市坚持分行业施策，打好降本增效"组合拳"，推动大企业做优做强、中小企业专精特发展。落实"三去一降一补"措施，出台新一轮产业扶持政策，有效帮扶困难企业，落实帮扶措施，兑现政策资金，支持企业拓展市场。优化金融生态，加大恶意逃废债打击力度，防范化解企业金融风险，严格将不良贷款率控制在一定范围。

（二）构建"亲清"政商关系

晋江市积极全面构建"亲清"新型政商关系。敢亲真清、热情坦荡同企业家交朋友，加大"创二代"、新生代传承培养，永葆企业家创业精神。引导企业差异化发展，出台发挥品牌引领作用、促进股权投资等政策。引导设立产业基金，打造"晋金私募汇"基金集聚区。强化工程建设、公共资源交易、国有资产管理等领域廉政监督，坚决纠正损害群众利益的不正之风，树好为民、务实、清廉的政府形象。

（三）深入推进制度配套

晋江市持续深化政府改革，系统推进预算管理、公共服务、市场监管、社会治理、环境保护等领域制度创新，不断在体制机制上增动力、创效益，切实履行政府职责。注重创新配套制度，搭建优质的产业平台，打造现代产业园区，分类设立行业协会，搭建产业创新联盟，增强行业自我服务能力。构建高效的项目推进机制，完善招商引资机制，谋划项目带动发展。

（四）切实转变政府职能

晋江市加快政府职能转变，不断深化"放管服"，致力于建设服务型政府，坚持"不叫不到、随叫随到、说到做到、服务周到"。把握公开透明、公平公正、便捷高效的服务需求，把政府服务重点转向简环节、转作风、优流程、提效能，突出责任担当、务实落实，为政企互动注入新内涵。推行"互联网＋政务服务"模式，建设政务信息共享平台。

第四节　晋江县域现代化经济体系建设的主要经验

纵观改革开放40余年来晋江经济发展的核心特征、历史进程和当前晋江经济建设的重点内容，借鉴习近平总书记总结的"晋江经验"，我们可以梳理出县域现代化经济体系建设的若干线索。这些线索，不仅能够折射出整个中国经济在改革开放过程中的演进轨迹，而且能够反映县域经济发展的一般规律，对于全国其他县域的现代化经济体系建设具有启示意义。

（一）县域现代化经济体系建设，需要处理好工业和农业之间的关系

县域经济通常是以农业为起点和主体的，晋江在改革开放之前就是一个贫穷的农业县。但是，改革开放初期，晋江县委县政府就迅速启动了农村工业化的进程，通过"五个允许"等一系列政策，鼓励农户联户集资，推动了县域内乡镇企业和商品经济的初步发展，推动农村快速进入了工业化阶段。对于全国其他县域而言，农村工业化是一种可能的发展路径，然而，它并不是唯一的路径，也不是必定能够保证成功的路径。县域经济体系必须处理好农业和工业的关系，需要把握农村工业化的基础和条件，因地制宜选择适合自身的产业结构和发展思路。

（二）县域现代化经济体系建设，需要紧紧咬住实体经济发展不放松

县域经济在实现初始的资本积累之后，不适宜过度发展金融业等，而是要坚守实体经济，避免"脱实向虚"。历届晋江市委市政府牢牢守住实体经济这个"传家宝"，毫不动摇地鼓励支持和引导民营经济发展，每到发展的关键时期，都制定相关政策，保障鼓励企业坚守实业，

扎实推进制造业的发展，使得传统制造业和先进制造业成为晋江经济的坚实构件。在政策的鼓舞下，晋江的民营企业紧盯实业不松劲，投身实业链条各个环节，做专做精，而非盲目拓展，这使得晋江传统产业配套率远高于其他地区，既提高了整体的产业生产率，又降低了运营成本。

（三）县域现代化经济体系建设，需要着力打造特色品牌和特色产业

县域经济在完成起步阶段的发展之后，通常由于技术含量少、进入门槛低等，会面对来自其他地方的模仿和竞争，这时候就需要打造自身的特色品牌和特色产业，以更好地获取竞争优势。晋江市委市政府一直特别重视推动品牌建设，从鼓励支持企业创建国字号品牌，到建设品牌之都，再到特色产业集群，都贯穿着品牌引领发展的思路。晋江企业抢抓品牌建设，从早期的一村一品、一镇一品，到现在建立一系列享誉全国乃至全球的特色品牌，都是让人震撼的县域经济奇迹。晋江在特色品牌和特色产业建设方面的实践和经验是县域经济跃升的重要法宝。

（四）县域现代化经济体系建设，需要因地制宜发挥自身的资源优势

正如习近平总书记在总结晋江经验的启示时讲到的，要"始终坚持立足本地优势和选择符合自身条件的最佳方式加快经济发展"[1]，县域经济无论处于什么样的发展阶段，都要实事求是，结合本地区位条件、资源禀赋、外部环境、历史渊源、人文基础等各个方面的特点，综合谋划和制定发展战略，充分发挥自身的资源优势，而不是盲目模仿其他地方的发展策略。晋江在发展中，充分发挥了独特的资源优势，比如爱拼敢赢的人文精神、各类闲置的资产、海外华侨的资源、外来流动人口的劳动力资源等，并且有效地配置了不同类型的资源，提高了资源利用效率，这些都是推动其经济腾飞的重要因素。

（五）县域现代化经济体系建设，需要保持善于学习、不断创新的品质

县域经济的发展虽然不能跟风，但要善于学习，并且需要在持续学

---

[1] 引自习近平《研究借鉴晋江经验　加快县域经济发展——关于晋江经济持续快速发展的调查与思考》，《人民日报》2002 年 8 月 20 日，第 11 版。

习的基础上不断创新。正如习近平在总结晋江经验的启示时讲到的，要"始终坚持在顽强拼搏中取胜"①，县域经济需要将创新作为经济发展的不竭动力。这里的学习和创新，既是针对政府自身而言的，也是针对企业和产业发展而言的。晋江市委市政府一直紧盯江苏、浙江、广东等地的发展趋势，学习先进经验，引进先进技术，对标相关领域最好发展成果，在每一个重要节点，都能针对自身问题提出新的发展目标和发展战略，做好引领者、推动者、服务者。在市委市政府的政策指引下，晋江的企业都能够深入推进创新发展战略，实现传统产业的转型升级和高新技术产业的发展。

（六）县域现代化经济体系建设，需要处理好工业化和城市化的关系

县域经济的高速发展常常以工业化为基础，高质量发展则离不开城市化的支撑作用。正如习近平总书记在强调创新和发展"晋江经验"时指出的，"工业化和城市化都是现代化建设的必由之路，彼此之间是一种相互依存、互相促进的辩证统一关系……工业化是城市化的发动机……城市化是工业化的推进器；工业化和城市化只有相互适应、协调发展，才能加快推进经济和社会的现代化建设"②。晋江和全国很多其他县域都存在城市化滞后于工业化的问题，这会制约产业升级特别是高新技术产业的发展，晋江的城市更新和国际化创新型品质城市建设正是为了解决这个问题。

（七）县域现代化经济体系建设，需要主动融入更大范围的外部环境

县域经济的发展，必须处理好与外部环境的关系，发展开放型经济。一是要准确认识外部环境，实现对县域经济建设思路的准确定位，把握自身的比较优势和核心短板，寻找切合实际的发展思路和发展路

---

① 引自习近平《研究借鉴晋江经验　加快县域经济发展——关于晋江经济持续快速发展的调查与思考》，《人民日报》2002年8月20日，第11版。

② 引自习近平《研究借鉴晋江经验　加快构建三条战略通道——关于晋江经济持续快速发展的调查与思考》，《福建日报》2002年10月4日，求是版。

径；二是要以外部市场需求为导向，正如习近平在总结"晋江经验"的启示时讲到的，要"始终坚持以市场为导向发展经济"①，县域经济需要不断适应市场需求的变化，始终将作为供给侧的县域产业结构与作为需求侧的外部市场需求对接起来；三是要注重引入外部环境中的各类资源，通过多样化的平台和机制来链接外部资本、技术、人才、信息等，为提高县域经济的竞争力提供支撑；四是要积极参与到更大范围的市场竞争中，企业要不断提高核心竞争力，对标同领域的国际最高水平，拓展国际市场。晋江在这四个方面都非常突出，经济发展始终与改革开放同步，是典型的外向型经济。

（八）县域现代化经济体系建设，需要夯实经济持续发展的社会基础

县域经济的发展，始终需要以收入分配的优化、民生福祉的提升为基础。只有县域中的人民真正享受到经济发展的成果，县域经济的持续健康发展才会有不竭的动力，县域经济体系建设才能真正称得上是现代化经济体系建设。换言之，民生是县域现代化经济体系建设的社会基础。晋江市委市政府一直高度重视收入分配合理、社会公平正义，这从晋江历年来的财政支出结构，特别是在民生保障方面的支出以及外来人口市民化方面的支出中，可以非常鲜明地体现出来。正是因为晋江经济所拥有的社会基础，晋江才成为一个极具开放性、包容性和吸引力的城市。

（九）县域现代化经济体系建设，需要构建系统连续的微观政策环境

正如习近平总书记在总结"晋江经验"的启示时讲到的，要"始终坚持加强政府对市场经济的引导和服务"②。县域经济的发展，离不开良好的政策环境。各地党委政府要在产业政策制定、营商环境打造、

---

① 引自习近平《研究借鉴晋江经验 加快县域经济发展——关于晋江经济持续快速发展的调查与思考》，《人民日报》2002 年 8 月 20 日，第 11 版。
② 引自习近平《研究借鉴晋江经验 加快构建三条战略通道——关于晋江经济持续快速发展的调查和思考》，《福建日报》2002 年 10 月 4 日，求是版。

激励制度设计、创新氛围培育、城乡统筹规划、历届政策延续等方面扎实做好工作，为企业的生产经营、产业的转型升级、城市的品质提升等提供稳定的、可预期的、连续的政策支撑，使得各个领域、各个层面、各个主体取得的发展成效能够有效积累。晋江市委市政府始终保持"一届接着一届干"的优良传统，将政府的角色明确界定为"引路人"、"推车手"和"服务员"。始终以长远的发展目标指导具体的发展阶段，成功克服短期政绩导向下的急功近利，有效维持了各阶段前后任领导更替背景下县域经济发展思路的连续性、稳定性和渐进性，为县域现代化经济体系建设提供了坚实的制度基础。

（十）县域现代化经济体系建设，需要坚定不移地深化改革和开放

任何县域经济的发展，都离不开特定时代背景下的内外环境，当环境发生变化时，县域经济发展思路和策略必须做出相应的调整。正因为此，县域现代化经济体系建设必须顺应环境变化提出的新要求和新挑战。无论是国家层面的经济建设，还是地方层面的经济建设，改革开放始终是适应内外环境和决定自身命运的关键一招。晋江的经济发展轨迹，正是不断改革和扩大开放的写照，展现了晋江市委市政府把握时代脉搏、顺应环境变化、迎接各种挑战的战略、勇气和能力。改革开放40余年来，晋江市委市政府不断在已有的发展基础上确定新的发展目标，谋划新的发展策略，积累新的发展成果，使晋江经济发展呈现明显的阶段特征和飞速的跃升特征，晋江经济体系越来越深度地融入区域、全国乃至全球的经济体系中。

第三章

新型政商关系

第一节　晋江现代化营商环境建设的基本情况与成就

　　把营商环境作为重要生产力，是晋江践行"晋江经验"取得的主要成果之一。良好的营商环境有助于促进经济发展，恶劣的营商环境则可能对经济发展带来灾难性影响。营商环境是指影响商业活动（从企业开办、扩建、运营到关闭）的环境和条件的总和。在既有研究中，营商环境主要包含两大部分——硬环境和软环境。硬环境主要是影响商业活动的客观物质条件，包括机构设置、人员配置、基础设施（如电力、通信、交通等）等；软环境则指影响商业活动的非物质条件，包括经济、社会、政治、法律等一系列制度安排。大部分研究都将营商环境当作制度层面的概念，将制度置于更加重要的地位，也即所谓的"制度至关重要"（institutions matter）。晋江提出对标便利化、法治化、国际化营商环境建设的要求，无论是在硬环境还是在软环境方面，都取得了突出的成就，主要表现在以下几个方面。

一　硬环境

（一）形成了链条完整、特色明显的现代产业集群

产业集群既是过去晋江县域经济增长的结果，也是未来县域经济高

质量发展的基础,甚至可以被视为吸引更多投资的一个基础条件。改革开放40余年至今,福建晋江5万家民营企业很多都聚集在产业集群内,已形成纺织服装、制鞋2个超千亿元和食品饮料等5个超百亿元产业集群,这两类集群产生了超过95%的经济贡献率。晋江走出了一条独具特色的县域发展之路。晋江的发展起步于实体经济,兴盛于实体经济。在全球重新认识实体经济的时候,实体经济成了晋江的"传家宝"。2007年11月,经国家体育总局批准,晋江成为继深圳、成都之后全国第三个国家体育产业基地,为晋江将传统优势打造成新的优势,探索新业态、新模式、提高附加值提供了更多的支持。晋江现已形成两个超千亿元的产业集群,具备对外吸引优势,集群潜力巨大。优势产业、产业链打造完整,荣获"中国鞋都"、"世界夹克之都"等称号,具有规模化、集约化、灵活性优势;进一步加强晋江产业集群优势建设,有望将晋江优势产业打造成为行业研发中心、生产中心、贸易中心、品牌中心。

（二）龙头企业领头、中小企业配套

晋江产业内部已经形成由龙头企业引领,中小企业配套的生产格局,企业间形成了专业分工、服务外包、订单生产多种合作方式,形成了互惠共赢合作模式,充分发挥了龙头企业资本、技术、品牌优势,带动形成了一批具备"专、精、特、强、新"行业竞争优势的中小企业。

（三）知名企业的"品牌效应"和知名企业家形成的"明星效应"成为晋江营商环境的靓丽名片

据胡润研究院发布《36计·胡润百富榜2017》统计,当年全国财富20亿元以上的共有2130人。其中,有15位晋江籍富豪上榜,其财富累计达到了1230亿元,平均财富82亿元。在行业分布方面,15名上榜晋江籍富豪主要集中在体育用品、纺织服装以及房地产行业。一些大企业更是诞生了不止一位上榜企业家:安踏体育有4位富豪上榜,恒安集团和百宏实业各有2位富豪上榜。更重要的是,"富豪榜"只是晋江企业家的一个缩影。目前,晋江有产值超亿元企业800余家,上市企业

46 家，中国驰名商标 42 件，中国名牌产品 13 项。2017 年国内权威智库发布的中国中小城市科学发展指数榜上，晋江位列全国投资潜力百强县市第三。总之，晋江人"爱拼敢赢、敢为人先"的内在精神，是"晋江经验"的灵魂，也是晋江成功的保障。在"三分天注定、七分靠打拼"的精神鼓舞下，晋江人创造了过去 40 余年的辉煌成绩，这样一种精神也定将鼓舞晋江在新一轮改革浪潮中抢得先机、率先突破。"鼓励竞争、崇尚创新、宽容失败"的社会环境，为晋江企业在以"创新、国际、品质"为目标的未来发展中提供了保障。

（四）以"晋江速度"超常规发展基础设施

基础设施是营商环境的硬基础。晋江在发展迎来高峰的时候，对基础设施的要求也明显比其他城市更高。如果基础设施建设速度按部就班，就必然跟不上晋江经济的快速发展态势。这就决定了基础建设势必要超出常规，打造"晋江速度"。例如，2003 年，220 千伏晋中变电站 1 号主变投产送电。按照当时的常规速度，需要 13 个月到 15 个月。晋中变电站工程参建各方只在 3 个半月内就使该工程提前投产送电，创下了福建省建设 220 千伏变电站工期最短的纪录。在这样的建设速度下，改革开放 40 余年来晋江电网实现了跨越式发展。截至 2017 年 12 月，全市社会用电量 148.15 亿千瓦时，是 1978 年的 837 倍。而这只是晋江基础设施建设的一个缩影。

二 软环境

（一）营商环境便利化不仅点燃了晋江本地人的创业热情，而且吸引了一批批企业家前来投资

一个项目的审批需要多长时间，是衡量一个地方营商环境便利化程度的重要指标之一。据晋江市行政服务中心数据，2006 年左右在晋江，一个项目从报批到发放施工许可证，大概要经过 33 个环节，需要历时 240 多个工作日，而如今则只需要 6 个环节，历时 37 个工作日即可。这

只是晋江一系列"降门槛"改革新举措的一个体现。在简政放权做"减法"的红利下,晋江市场主体增长的"乘法"效应显著。据晋江市市场监管局数据,晋江市场主体增长迅速,目前市场主体突破16万户,民营企业突破5万家,用只占福建全省1/200的面积创造出了全省1/16的地区生产总值。全市已有4.6万多户企业及农民专业合作社领取或更换加载统一社会信用代码的营业执照;已核发电子营业执照4万多份;全市共颁发"两证整合"个体工商户营业执照3.2万份。总之,"便利、法治、国际化"的营商环境,是支撑晋江未来发展的又一大潜在力量。良好的营商环境让晋江荣膺中国50家投资环境诚信安全区、中国最佳投资服务城市等荣誉。晋江拥有良好的政企互动模式,政府从企业家需求出发践行的"四到"(不叫不到、随叫随到、说到做到、服务周到)、"四办"服务理念(马上办、网上办、就近办、一次办),在土地、资本、人口红利渐失的转型时期,成为对优质企业的最大吸引力。

(二)营商环境国际化,"走出去"成就"晋江板块"

晋江自古以来,就有"造舟通异域"的创业基因。这种基因在争先恐后、你追我赶的改革大潮推动下,促进了大批晋江民企在境外上市,成为资本市场的"晋江板块"。早在1998年,恒安公司就在香港上市,并带动了晋江民营企业上市热潮。晋江市顺势而为,专门成立"上市办",引导企业改制上市。截至2018年,晋江在境外上市的民企总数已达40家,数量居全国县域前列,分布在韩国、美国、英国、新加坡以及中国香港、中国台湾等10多个国家和地区。除此之外,以企业国际化为导向,晋江鼓励龙头企业并购国际知名品牌,把生产基地、营销网络布局在全球,在更高平台参与国际竞争。截至2018年,晋江市赴境外投资设立分机构的企业达92家,其中中国香港、东南亚地区60家,欧洲20家,美国、非洲及中东等地区12家。这些晋江企业通过汇聚全球资源来引资本、引技术、引人才、引产品,已经走在对外开放的前列。如恒安携手IBM、SAP深化管理变革,安踏实施国际化、多品牌并购战略，361°设立海外研发中心，乔丹携手中国服装设计师协会承办运动装备设计大赛，利郎组建国际化研发团队等，它们在借力发力中做大做强自己。在世界创新要素更具开放性、流动性的今天，晋江正在以全球化视野和国际化思维打造更多的国际化企业。

营商环境国际化，"走出去"与"请进来"互相促进、互相支持、反哺社会发展，"国际化创新型品质城市"雏形初现。晋江已经聚集了一批国际化人才，引进了一批国际化项目，打响了一批国际化赛事品牌，例如，第六届 APEC 电子商务工商联盟论坛、国际毛利经贸文化（晋江）洽谈会的成功举办，取得 2020 年第 18 届世界中学生运动会举办权，联合国"海陆丝绸之路城市联盟工商理事会"落地晋江，出口加工区升格为综合保税区……晋江通过国际化的经贸活动，大力拓展对内对外开放新空间，积极开拓新兴市场，进一步释放产能。抓住福建21 世纪海上丝绸之路核心区、泉州 21 世纪海上丝绸之路先行区建设等战略机遇，晋江正力争成为"一带一路"建设的排头兵。

第二节　晋江现代化营商环境建设的典型经验与特色做法

一　从企业家需求出发，实践良好的政企互动

晋江打造营商环境最为宝贵的经验和做法就是良好的政企互动。这也是习近平总书记归纳的"晋江经验"的重要内容。在习近平总书记总结的"晋江经验"中，有"六个始终坚持"和"正确处理五种关系"。其中分别提到"始终坚持和加强政府对市场经济的引导和服务"，以及"处理好发展市场经济与建设新型服务型政府之间的关系"[①]。

---

① 习近平：《研究借鉴晋江经验　加快县域经济发展——关于晋江经济持续快速发展的调查与思考》，《人民日报》2002 年 8 月 20 日，第 11 版。

为了"处理好发展市场经济与建设新型服务型政府之间的关系",晋江坚持"四到""四办"的原则。在"一届为一届打基础,一任接着一任干"这个基础上,晋江党政班子近些年来进一步明确了政府的定位,提出了"四到"和"四办"的服务理念。晋江现任市委书记刘文儒在接受访谈时说:"我们提出政府要扮演好'三个角色',即'引路人'、'推车手'和'服务员',通过搭建平台、制定政策,推动企业发展。还有,我们提出一个叫'拎包精神',帮老板拎包,当好老板的'服务员',当好企业家的'服务员',保姆式的、月嫂式的服务,保姆式的就是普惠,月嫂式的就是点对点。"①

"四到"和"四办"反映的是晋江从企业家需求出发的有为政府理念,也是晋江能够在"亲清"政商关系中把握好边界的关键。正如在我们的调研中有企业家表示,在企业发展过程中,当地政府给予了极大的扶持和引导。"80 年代初期,晋江没有工业基础,必须要有政府的帮助,我们每一个时段的发展都离不开政府的政策指引,政府对外了解经济形势、政策走向,然后再和我们这些企业家沟通。晋江市政府不是让你去做什么,而是看企业需要什么。"② 还有企业家表示,"晋江市政府当你有需要的时候就会来到你身边,为企业家解决问题,不仅有担当,而且有效率"③。

"四到"和"四办"为各级干部提供了准则。只有在"亲清"新型政商关系的框架下,地方政府官员才能做到敢亲真清,热情坦荡同企业家交朋友。在晋江,政府部门或国有企业的干部去企业挂职,已经实施多年。这虽然不是晋江独有的现象,但在晋江发挥的效应有目共睹。

① 《【壮阔东方潮 奋进新时代】政府如何更好服务企业 "晋江经验"诞生地是这样做的》,http://news.cctv.com/2018/06/25/ARTIlPdG3xqUiLcjxfDYjIVh180625.shtml,最后访问日期:2019 年 7 月 20 日。

② 《【壮阔东方潮 奋进新时代】政府如何更好服务企业 "晋江经验"诞生地是这样做的》,http://news.cctv.com/2018/06/25/ARTIlPdG3xqUiLcjxfDYjIVh180625.shtml,最后访问日期:2019 年 7 月 20 日。

③ 中国社会科学院社会学研究所 2018 年晋江调研座谈记录。

这些"挂职"干部大多数会被派去骨干企业兼任党委副书记，为期一到两年，但编制和薪水都保留在原单位。以党建工作为纽带，既可以发挥党支部战斗堡垒和党员先锋模范作用，又可以帮助企业解决实际问题，促进转型升级。

二 尊重企业家精神、尊重人才，培育企业家成长

企业家是晋江最宝贵的人力资源财富，企业家精神是晋江最宝贵的精神财富。创业既是一个社会过程，也是一个文化过程。第一代企业家是晋江崛起的关键社会力量，第一代企业家的拼搏精神是这种社会力量转变成经济财富的文化力量。与大多数自然资源禀赋较弱的地方一样，晋江民营经济的发展是典型的由草根企业发展壮大的故事。彼时的晋江，一大批有企业家精神的农村"能人"，在"三分天注定，七分靠打拼"的精神鼓舞下，毅然决然"洗脚上田"，走出了一条脱贫致富的硬路。正如费孝通先生曾精辟概括的那样，晋江经济中"最生动、最活跃、最本质的东西"[1]，就是内含于广大晋江侨属中的蕴蓄深厚的拓外传统和强烈要求改变贫穷现状的致富愿望。[2] 更重要的是，企业家只是"睡不着的晋江人"中的一个群体，是晋江逆境求生、遇挫不弃的社会氛围和商业精神的体现。

鼓励、宽容和引导企业家精神，是晋江人"始终坚持在顽强拼搏中取胜"的制度保障。早在 20 世纪 80 年代初民营经济刚刚兴起的时候，晋江就出台了"五个允许"（允许群众集资办企业、允许雇工、允许股金分红、允许随行就市、允许供销人员按供销额提取业务费），因而点燃了乡村工业化的"星星之火"。反过来，这种对民营资本的大胆和放心使用，也促进了晋江营商环境硬件的改善。例如，晋江机场在

---

① 费孝通：《费孝通文集》（第十卷），群言出版社，1999。
② 《敢为天下先　爱拼才会赢——"晋江经验"启示录》，http://www.xinhuanet.com/2018-07/08/c_1123095079.htm，最后访问日期：2019 年 7 月 20 日。

20 世纪 90 年代建设时,面对资金短缺的情况,晋江企业发出捐款倡议书,短短半年多时间,就募集到了上亿元捐款,使其成为改革开放以来捐献比例最高的机场。

加大"创二代"、新生代传承培养,培育助力年青一代企业家成长的营商环境和氛围,永葆企业家创业精神。晋江当前既站在产业转型升级的关口,也站在企业家代际更迭的关口。当前晋江企业家代际传承总体平稳,很多企业成功实现了传承,比如恒安集团、宝龙集团等。这背后既有企业自身在治理结构完善方面的努力,也有晋江政府、社会组织共同培养的因素。例如,2016 年晋江出台了《关于实施晋江市企业家素质提升行动"领航计划"的意见》,面向全市规模以上企业主要负责人、控股股东,以及新生代、"创二代"企业家和高层次创业人才,系统开展"领航计划"系列行动,力争培养一支高素质企业家队伍,实现由"爱拼敢赢"向"善拼会赢"的跨越和转变,构建晋江创新企业家生态圈,推动晋江产业经济有序转型。

除了企业家,晋江还想方设法营造综合性生态以吸引和留住各类人才。当前,晋江提出要实现"先进制造业立市、高新产业强市、现代服务业兴市"的产业发展目标,要实现这一目标最关键的是有一批不同领域、不同类别、不同层次的人才作支撑。晋江围绕人才发展,搭建三创园、洪山文创园、福大科教园等科创平台,深入实施企业家素质提升"领航计划"、高层次人才"海峡计划"等一批人才计划,还出台了一系列创新创业扶持政策,目的是通过"待遇留人、事业留人、感情留人、环境留人",让人才栖息晋江、扎根晋江。晋江希望用创业环境跟人文环境,形成一种与北上广深不同的差异化的优势,把人才留住,让晋江成为本地人留恋、外地人向往,可托付终身的一座品质城市。

三 自上而下和自下而上相结合,共筑良好的诚信体系

树立"诚信是金、诚信是命"的信条,用政府监管和法治营商环

境维护诚信体系。晋江曾经因为 1985 年的"假药案"震惊全国，这也让晋江的民营企业经历了严峻的考验。在痛定思痛之后，晋江一直以"质量立市"和"品牌立市"作为重要的发展战略，整合"小、散、乱、杂"的草根业态，从而使晋江的品牌在全国最终获得了良好的美誉度。在法治方面，晋江市政法机关全力打造法治化营商环境。一是严厉惩处偷税漏税、集资诈骗等严重破坏市场秩序的犯罪行为；二是对涉企案件坚持"三区分三慎重"，对造成国有资产流失、企业财产损失的犯罪，加大追赃力度，及时挽回经济损失；三是深入企业开展法律宣传，针对企业财务、购销、用工等环节存在的问题，开展预防调查，变事后被动处理为事前主动服务。

尊重和保护民间的社会规范力量是晋江能够保持和壮大产业集群诚信度的一个重要机制。产业集群的优势，不仅在于可以节约运输成本、整合人力资本、打破信息垄断，更重要的是产业集群中的人际交往可以自下而上地发展出商业规范以维持信任和合作。正是在这种关系密集的商业社群内，企业家可以获取信息、彼此监督，从而保证企业之间的合作和按时达成交易。人际交往和复杂的商业关系为此提供了社会黏合剂，强化了对商业规范的遵从，并促成在稳定的社会网络中以合作的方式处理矛盾和冲突。合作和长期互助形成的网络，事实上是一种地方性的规范，并且在某种程度上通过地方的商业文化和氛围体现出来。正像有企业家表示的那样："声誉就像是一种规范。如果你想别人帮助你，你就需要有好的声誉；反过来，如果你的声誉好，你有困难人们就会帮助你。"①

四 敢为天下先、先行先试的担当精神

晋江在落实和推动多项优化营商环境的举措方面，都成为泉州市乃

---

① 庞溟：《向下凝望，向上生长：中国民营经济的奇迹不在于献媚权力》，《经济观察报·书评》，2017 年 5 月。

至福建省先行先试的城市。"先走一步"为晋江提供了更多的优势。例如，2002 年 12 月，晋江作为全国深化行政体制改革试点单位之一，成立了福建首个行政服务中心，探索推进审批事项削减、前置条件精简、审批环节撤并等。目前进驻中心的所有事项，办理流程全部精简到"受理—审核—决定"3 个环节内，当场即办率达 82.15%，93.03% 的事项实现"最多跑一趟"乃至"一趟不用跑"。再比如，2013 年商事制度改革后不久，晋江就推出"先照后证""三证合一、一照一码""五证合一"等一系列改革措施，"多证整合"力度大，逐步营造出宽松、便捷、高效的营商环境，许多市场"零经验"的创业者办照办证"开头难"的问题迎刃而解。

除了率先落实中央和福建省的部署，晋江在简政放权方面还做出了一些创新。例如，作为晋江市国税局下辖的一个基层办税服务厅，福建晋江磁灶办税服务厅从办税便利、环境友好等方面，提出打造"如家"办税厅的理念，把握"长流水、不断线、打连发、呈递进"的工作节奏，以深化"放管服"改革、优化税收营商环境为主线，推出 5 类 20 项便民办税措施。

第三节　晋江现代化营商环境未来发展的
挑战和目标

一　产业转型是营商环境改善可持续的动力

晋江在营商环境建设方面取得了突出的成绩，既是过去"晋江奇迹"的助推力，也是未来晋江进一步转型升级的生产力。晋江产业转型的主要调整是要正确处理"喜新"与"恋旧"的关系，一方面，要持续推动传统优势产业转型升级，巩固"家底"、提质增效；另一方面，要加快布局高新和新兴产业，寻求发展新动能。但当前晋江的产业转型也面临着一些新的挑战，表现为以下几方面。

（一）全球经济融合，产业对接机遇

全球经济中心向亚太地区转移，晋江工业基础坚实、外向经济发达、社会资本雄厚，可以积极对接全球资本与产业转移、深度参与国际产业分工，加快本地传统优势产业转型升级，促进新兴产业落地发展。同时，抓住国家"一带一路""21世纪海上丝绸之路"建设契机，鼓励本地优势产业、重点企业整合全球资本、人才、技术资源，实现全球布局战略。

（二）外贸规则多变，对外贸易挑战

目前全球贸易格局进入调整阶段，美国主导的跨太平洋伙伴关系协定（TPP）、跨大西洋贸易和投资伙伴关系协定（TTIP）相继出现一系列变动，2018美国又针对"中国制造2025"发起挑战，引发中美贸易摩擦，上述变化将对深度依靠外贸增长的外向型经济模式造成严峻挑战。晋江外向经济发达，一方面要面临全球贸易规则变化带来的竞争压力，另一方面也要迎接在高端产业发展方面可能会遇到的资本、人才、技术限制的挑战。

（三）经济动力转变，生产要素瓶颈

中国经济已经进入由要素驱动向创新驱动转变的发展阶段。晋江在产业转型升级过程中，面临人才、土地和城市平台三大主要瓶颈。与国内一线、二线城市相比，首先，晋江中高端人才匮乏，严重制约晋江高精尖项目的发展；其次，晋江目前城市开发程度较高，现有连片未开发土地较少，对晋江实现产业集群化规模化发展目标形成了制约；最后，晋江的城市平台不够高、城市品牌相对弱，不仅限制了晋江能够使用的政策手段，也不利于晋江开拓高端客商资源、招揽高端人才，还成为限制晋江发展的瓶颈。

二　营商环境的战略任务及实施目标

（一）全面优化产业结构

晋江产业中长期要全面实现"传统优势产业高端化、战略新兴产业规模化、服务业现代化"的现代产业结构。

到 2025 年，晋江要实现产业结构更加合理的目标，实施量质并重的发展方针，实现地区生产总值达到 3800 亿元、年均增长 7.5% 的目标。① 同时，三产比重协调发展，服务业比重稳步上升，力求超过 40%。② 在企业层面，晋江主营业务收入超 100 亿元的企业达到 25 家，主营业务超 10 亿元的企业突破 170 家，上市公司突破 70 家。③

到 2035 年，晋江要实现产业结构的全面优化，加速形成高端制造业、高端服务业、生产性服务业、服务制造业协调发展体系。

到 2049 年，晋江本地的高端装备制造业和生产性服务业要达到全球领先水平，全面建成全球领先的技术体系与产业体系。

（二）打造高端制造业创新基地

晋江产业发展秉持以实业为中心，全力打造成为以创新能力为核心竞争力、以高端制造业为支柱的全球产业基地。中长期实现产业创新能力全面提升，推动产业规模化集群化发展，铸造完整产业链条，打造行业"研发中心、生产中心、贸易中心、品牌中心"。具体内容包括以下几个方面。

推动产业创新能力大幅提升。提升制造业整体创新能力，使产业整体素质全面提高。其中，传统优势产业创新能力提升至全球领先地位。纺织服装产业：建设全球领先纺织业生产基地、建立纤维新材料技术研发中心和功能性服装家纺技术研发中心、强化高科技纺织品和高端面料研发、全面使用高端纺织技术。制鞋产业：建立全国领先功能性鞋用材

---

① 根据晋江市委文件（《中共晋江市委关于深入贯彻习近平总书记重要指示精神 坚持高质量发展落实赶超的意见》），2020 年突破 2600 亿元目标，以每年增幅 7.5% 计算。

② 根据晋江市委文件（《传承发展"晋江经验"、勇当高质量赶超主力军》），2020 年三产占地区生产总值比重达 40%，以每年 6% 的增速计算。

③ 根据晋江市委文件（规划馆所示），到 2020 年，晋江主营业务收入超 100 亿元的企业达到 20 家，主营业务超 10 亿元企业突破 120 家，在此基础上，2025 年两类企业的目标数以年均增速 7.5% 计算。截至 2018 年，晋江上市公司已经达 46 家，上市后备企业 48 家，以年均 7.5% 的增速计算。

料研发中心、建成数字化鞋业设计和生产体系、率先研发一次成型制鞋工艺。休闲食品业：开发符合全球食品行业高层次需求的绿色产品，成为全国新型高值海洋食品领头羊。建筑陶瓷：加快技术改造，占领国内绿色建材产业市场，使产品具有国际竞争力。纸品业：建立产业技术研发中心，全行业大规模实现现代化生产技术装备应用。

战略新兴产业实现重点产业关键技术突破。装备制造业：加速纺织机械、制鞋机械、纸制品机械的升级速度，做到全球领先；装备制造核心零部件实现关键技术突破，成为国际与行业领头羊。新材料产业：建立石墨稀技术应用产业化高地，实现功能性纤维材料研发与产业化生产。集成电路：打造全球重要的内存生产基地，构建涵盖设计、制造、封测、材料装备、终端应用为一体的集成电路全产业链生态圈，推动集成电路产业与晋江传统产业协同发展。

推动产业集群化规模化。以龙头企业项目为中心，大力推动产业集群化规模化发展，成为全球知名产业集群区域。持续扩大传统产业规模，成为全球纺织服装、制鞋产业的研发、生产、贸易中心。推进新兴产业发展，大力引进高端企业、龙头企业和重大项目，打造全国领先集成电路产业群，推动新兴产业成为晋江产业中流砥柱，实现"高新产业强市"整体战略目标。各产业形成一批具有较强国际竞争力和较高知名度的跨国公司。

产业链价值链全面提升。产业链重心由制造为主向研发设计和营销服务两端延伸，传统产业价值链全面提升。纺织服装业：进一步完善棉纺→化纤→织造→染整→成衣→辅料→营销产业链条，基本形成现代纺织服装产业体系。制鞋产业：形成数字设计→鞋业化工→皮革→鞋材→鞋机→鞋成品→展销产业链。休闲食品：改变供销"两头在外"的现状和格局，向下延伸冷链物流，向上拓展产品研发设计，初步形成产品研发与设计→机械设备改进→原材料供应→仓储物流→食品包装→电子商务→品牌营销的链条。装备制造：完善毛坯铸锻→零部件生产→整机装配→产业服务产业链。集成电路：形成以制造为主，以封装测试、设计为辅,以装备材料和应用终端为配套的集成电路全产业链发展格局。

到 2025 年,规模以上企业全员劳动生产率增速达到 6.5%,规模以上企业研发经费内部支出占主营业务收入比重达到 1.68%。省级以上企业技术中心突破 85 个,[①] 高新技术企业突破 140 家;各产业价值链得到初步完善,"专特精"或科技型"小巨人"企业达到 430 家以上。[②] 重点产业(如装备与机械制造产业)的国家级企业技术中心达到 2 家,省级企业技术中心达到 14 家,行业研发基地达到 4 家。[③] 传统产业产值突破 7000 亿元,其中,制鞋、纺织服装 2 个产业集群产值达 2000 亿元;建材陶瓷、纸制品及包装印刷、食品饮料 3 个产业集群突破 700 亿元。新兴产业产值达 2000 亿元,其中,集成电路产值突破 1000 亿元。[④]

到 2035 年,传统产业创新能力大幅提升,产业价值链完整,晋江成为全球知名纺织服装、制鞋、休闲食品、建筑陶瓷、纸品业产业集群地。晋江企业引领全球同类产业发展,初步实现国际化部署,全球化经营能力显著提升。石墨稀产业、制造装备、集成电路等高新产业部分获得重大突破,整体竞争力明显增强,成为海西经济区特色的产业链生产圈。

到 2049 年,晋江制造业创新能力能引领全球同行,战略高新产业

---

① 截至 2018 年,晋江拥有省级以上企业技术中心 51 家,根据晋江市委文件,2020 年目标为突破 60 家,2025 年目标在 2020 年基础上,以年均增速 7.5% 计算。

② 根据晋江市委文件,到 2020 年,晋江高新技术企业突破 100 家,在此基础上,2025 年目标以年均增速 7.5% 计算获得。根据泉州市委文件,泉州市在 2020 年"小巨人"企业达到 1000 家,根据晋江占泉州地区生产总值比重推算,2020 年,晋江"小巨人"企业可达 300 家,在此基础上,以年均 7.5% 增速计算获得 2025 年目标。

③ 根据晋江市委文件,2020 年,晋江在装备与机械制造产业,力求国家级企业技术中心实现零突破,省级企业技术中心达到 10 家,行业研发基地到 3 家,在此基础上,2025 年目标以年均增速 7.5% 计算获得。

④ 根据晋江市委文件,到 2020 年,晋江传统产业产值突破 5000 亿元,新兴产业产值突破 1500 亿元,制鞋、纺织服装 2 个产业集群产值突破 1500 亿元,建材陶瓷、纸制品及包装印刷 2 个产业集群产值突破 500 亿元。在此基础上,2025 年目标以年均 7.5% 的增速计算获得。集成电路产业 2025 年目标根据晋江市委文件获得。

形成完善的产业链，成为晋江支柱产业。部分产业成功打造出一批具有世界知名度与竞争力的企业品牌，形成国际化公司，拥有较强的全球化经营能力。

（三）建设智能制造深度融合生产体系

推动信息化技术在晋江各产业研发、生产、管理、物流各环节的应用，全面形成自动化、数字化、智能化工业生产体系。具体内容包括以下方面。

打造智能工厂全国示范点。加快纺织服装、制鞋、休闲食品、陶瓷建材、纸制品、装备和机械制造、集成电路等行业的智能化改造，提高精准制造能力。加快各产业产品全生命周期管理、客户关系管理、供应链管理系统的推广应用，推动各产业从传统制造业向服务制造业转型。在纺织服装、制鞋、装备和机械制造等重点行业打造智能化工厂全国示范点。

建立智能产品研发生产基地。发挥晋江产业特色，推动传统产业与新兴产业的研发合作，实现产业互补、产业互鉴、技术共享，打造智能产品研发生产基地。利用传统纺织服装、制鞋产业优势，结合集成电路产业，占领全国智能穿戴产业高地。以晋工为龙头，研发生产智能机械装备，实现传统产业生产领域全面智能化。

建成知名新型电商重镇。利用互联网技术、大数据、云计算，建造集个性化产品定制、智能生产、电子销售、智能物流、智能售后为一体的新型电商重镇。

到 2025 年，重点产业领域全面实现智能化，试点示范项目运营成本降低 50%，产品生产周期缩短 50%，不良品率降低 50%。[①] 到 2035 年，晋江所有产业全面实现智能化，引领全国电商产业和智能产品研发生产。到 2049 年，晋江实现智能与制造业深度融合生产体系，优势产业成为国际智能制造先驱。

---

① 晋江市根据《中国制造 2025》中的目标制定。

（四）全面建设绿色制造体系

全面提高制造业资源利用效率，构建高效、清洁、低碳、循环的绿色制造体系。加快纺织服装、制鞋、食品饮料、陶瓷建材、纸制品等行业的绿色工艺改造，加强集成电路、装备制造、新材料产业的绿色生产监督。重点产业或特色区域打造绿色示范工厂和绿色示范园区。

到 2025 年，晋江规模以上单位工业增加值能耗比 2015 年下降 34%，单位工业增加值二氧化碳排放量比 2015 年下降 40%，单位工业增加值用水量比 2015 年下降 41%，[①] 工业固体废物综合利用率达 79%，重点产业重点企业成为全国绿色示范工厂。到 2035 年，晋江制造业全面建成绿色生产体系，重点产业引领全国绿色制造标准。到 2049 年，晋江市成为全球同行业绿色制造体系的标杆，达到世界领先水平。

（五）推进现代服务业全面发展

利用晋江的优势地理位置、21 世纪海上丝绸之路先行区优势、发达的制造业产业、独特的闽侨文化资源、台海文化资源、山海旅游资源，推动生产服务业与生活服务业齐头并进，全面发展。形成功能完善、结构优化、布局合理、特色鲜明的服务业体系。具体内容包括以下方面。

推动生产型服务业与先进制造业深度融合。重点推动现代物流、金融产业、科创研发、互联网产业、电子商务、文创产业与晋江本地制造业深度融合。现代物流：建设物流与制造业联动发展示范区、打造跨境物流典范园区；打造闽台冷链物流示范中心；推进产业级物流信息平台建设。金融产业：拓展互联网金融、农地金融、科技金融等新型金融业态；鼓励天使投资、股权投资，大力发展风投市场，建设互联网金融功能区。科创研发：建设科技孵化基地，打造"海西经济区硅谷"；建设国家级、省级检验检测认证中心，重点行业建设世界级检测认证中心。

---

① 晋江市根据《中国制造 2025》中的目标制定。

互联网产业：建立工业软件技术公共服务平台；推动物联网技术与产业业务系统深度融合；建设优势产业"互联网＋X"产业示范点。电子商务：建设行业性电子商务平台系统；打造全国跨境电商示范园区。文创产业：打造海西经济区文创产业集聚服务区；推动文创产业规模化，使晋江成为闽南文创产业基地。

打造"旅游晋江""运动晋江"等特色鲜明的生活服务产业。重点打造休闲旅游、体育产业，服务晋江产业转型升级目标以及经济社会发展水平提高，加快升级商贸流通、健康服务、教育服务产业。休闲旅游：打造工业旅游示范区；打造滨海体育运动休闲区；打造闽台侨文化旅游目的地；打造生态旅游休闲目的地。体育产业：建立现代化智慧体育基础设施服务产业；打造21世纪海上丝绸之路沿线国家自主品牌赛事；定期举办中国（晋江）体育产业博览会。商贸流通：打造智慧商贸中心，建设国际贸易中心、现代农村商贸中心。健康服务：打造专业化、高端化、差异化医疗服务模式；构建以居民为中心的"互联网＋医疗"新模式；整合医疗和绿色生态资源，加快健康旅游融合发展。教育产业：打造国际化一流高校园区；推动职业教育与行业机构深度融合，建立产学教育基地。

到2025年，晋江现代服务业占第三产业比重达到60%；① 打造成福建省现代服务业试点示范城市，现代服务业综合改革试验区、海西经济区金融创新先导示范区、现代服务业外向合作专区、产业创新公共服务示范区；打造全国5A级旅游景区1个；初步实现服务业的信息化建设；打造海西经济区产学融合示范区。到2035年，晋江现代服务业规模大幅增大，成为晋江三产重要组成部分，晋江成为全国著名的旅游休闲胜地，体育产业成为晋江新名片之一。到2049年，晋江完成现代服务业兴市战略目标，产业园区、产业集聚区服务业与制造业深度融合，

---

① 根据晋江市委文件，截至2015年，现代服务业在第三产业产值中的比重不到30%，以此为基础，2025年目标以年均7.5%增速计算获得。

成为集高端医疗、高端教育、高端金融、智慧服务为一体的现代化县市，成为全球知名的体育产业集聚地和旅游文化名城。

（六）建设"全球品牌之都"

打造全国文化名城。充分深入挖掘晋江闽侨文化、丝路文化、台海文化、滨海休闲文化、绿色生态文化、体育文化等特色资源，积极宣传晋江"爱拼敢赢、敢为人先"精神，实现城市文化品质跃升。

打造全球运动时尚产业集群区域品牌。以晋江纺织服装、制鞋产业为重点，推动龙头企业组建产业联盟，实现产业间优势互补、资源整合、有序协作，共同打造集研发设计、标准制定、产权保护、生产加工、展示交易、仓储集散、检测监控为一体的全球运动时尚产业集群区。积极举办国际运动产品时尚设计大赛，参与国际体育赛事联盟，将晋江打造成运动时尚产业的"米兰"。

推动本土企业国际品牌建设。鼓励各产业龙头企业，加强国际合作，提升自我品质，强化国际化经营能力，打造国际知名品牌，成为行业发展理念先驱。

到 2025 年，晋江产业品牌与城市品牌享誉国内，在国际上初现端倪。优势产业企业制定国内行业标准、打入国际标准，中国驰名商标突破 68 个，[①] 国内外上市企业突破 70 家。到 2035 年，晋江城市品牌在国际上为人熟知，运动市场产业集群区域品牌成为晋江全球新名片，晋江各产业有 1~2 家公司进入全球同业前十名。到 2049 年，晋江已经成为拥有海丝文化、体育时尚、创新基地多张名片的全球知名文化城市，运动时尚产业集群引领全球运动时尚理念与产业发展，各产业龙头企业完成全球布局，成为全球行业翘楚。

（七）全面提升产业国际化水平

以贸易、人才与企业为抓手，全面提升晋江产业国际化水平。抓住

---

① 截至 2018 年，晋江拥有中国驰名商标 43 个，以年均增速 7.5% 计算。

国家"一带一路"倡议契机，利用区位优势，建设国际物流枢纽；打造海西自由贸易中心。围绕产业发展，引进国际国内一流高校、研究院所、科研团队，行业技术精英、企业管理人才、国际法律服务人员、国际会计服务人员、行业咨询人才，打造海西硅谷。推动本土龙头企业在境外上市、推进企业跨行业重组、跨领域经营和跨区域扩张，鼓励本土企业积极与国际知名企业合作，优化资源配置，提高经营管理能力，建立全球投资—采购—生产—销售—物流体系。同时推动建设本土企业总部基地，防止晋江产业空心化。

到 2025 年，成为福建省产业国际合作示范区。到 2039 年，晋江成为福建省产业、人才、资本国际化排头兵。到 2049 年，晋江产业国际化水平引领全国，成为海西国际化重镇。

第四节 促进晋江现代化营商环境更好发展的政策建议

良好的营商环境是保证晋江产业未来良性发展的基础。为达到中长期产业发展目标，晋江仍应强化服务理念，提高自身公共服务能力，建立简便、深入的政企交流渠道，以更积极主动的姿态服务企业，帮助企业及时解决问题。

一 提升营商环境硬实力的行动方案

晋江未来的行动方案主要围绕如何处理好四大关系展开：政府与市场的关系、大企业与中小企业的关系、产业与人才的关系、产业与城市的关系。具体而言，包括以下几个方面的内容。

（一）深化行政体制改革，加强营商环境建设

深化行政体制改革，加强营商环境建设具体可以包括以下几点。①加快晋江的电子化政务建设，打破现有的数据管理和行政审批限制等

行政壁垒，全面提高政务效率。②加快晋江行政人才专业化建设，树立以企业为核心的政策理念，制定科学合理、切实可行的项目管理制度，最大限度地发挥项目扶持效果。③加强财税对制造业的扶持力度，制定科学合理的事前事后评估、监督体系，提高资金使用效率。④营造晋江法治环境，加大知识产权保护力度，积极保护晋江品牌，为企业提供优质、便捷的法律服务。

（二）打造协同创新体系，建设创新服务载体

推动晋江产业创新能力，坚持以企业为主体、市场为导向原则，一方面需要建立"跨主体、跨企业、跨领域"多方合作的创新协同体系，另一方面要积极建设创新服务载体。

强化产学研结合的跨主体合作，积极引入高等院校、科研院所、国家级工程（技术）研究中心、重点实验室等，有效对接企业技术中心，做到科研成果在晋江企业转化投产；同时建立渠道，帮助有能力的企业承接国家、地方的创新研发项目。支持跨企业创新合作，发挥龙头企业与中小企业优势，引导龙头企业与中小企业在技术、管理、商业模式等多层面协作创新，支持企业间战略合作。建立跨领域合作机制，建立产业链不同环节的协作创新体系；鼓励制造业和服务业、制造业与信息产业多领域形成创新联盟。

主导产业和战略性新兴产业均打造1个以上高端创新服务平台，加大国家公共技术平台的引进力度，整合各方在技术、人才方面的优势资源，解决行业共性技术难题，加强公共检测平台、公共认证平台、知识产权服务平台、展示交易平台的建设。

（三）对标国际行业先驱，壮大本地龙头企业

鼓励本地龙头企业，对标行业巨头，制定企业长期目标，引领本地产业发展。传统产业中，服装产业龙头企业可对标国际品牌优衣库，制鞋产业可对标耐克，纸制品产业龙头企业可对标宝洁公司，食品产业龙头企业可对标旺旺，陶瓷产业龙头企业可对标广东新明珠。战略新兴产

业中，装备制造业龙头企业可对标德国特吕茨勒（Trützschler）、德国德士马（DESMA）、美国凯登（Kadant）；集成电路龙头企业可对标三星电子、SK海力士。

重点引导龙头企业实施以下策略：①兼并重组，实现资源整合，积极鼓励企业上市融资，促进优质资本、技术、劳动力要素聚集；②扩展渠道，占领市场，鼓励企业通过收购渠道建立专卖店/直营店，建立线上渠道，快速占领市场，壮大企业；③研发技术，提高行业集中度，整合研发团队，开发新产品、新技术，利用技术、标准、专利逐渐占领市场；④打造品牌，创新理念，整合品牌资源，宣传品牌理念，创造企业文化；⑤跨国合作，全球布局，通过兼并、控股、参股等多种手段实现海外扩张；⑥以产业链横向一体化和纵向一体化相结合为重点，加快引进核心芯片设计、关键元器件、电子基础材料、高端软件等关键配套项目，加快构建全产业链创新生态圈，助力集成电路等新兴产业的龙头企业创新发展。

（四）扶持行业中小企业，培养产业梯队协作

积极扶持中小企业，激发中小企业活力，打造一批主营业务突出、竞争力强、成长性好、专注于细分市场的专业化"小巨人"企业。鼓励本地中小企业与国内、国际同类中小企业实现双边或多边合作，如纺织与制鞋类产业与意大利米兰地区中小企业合作，陶瓷产业与广东佛山中小企业进行战略合作，集成电路产业与台湾地区新竹科学工业园区企业合作，装备制造产业与德国斯图加特及周边区域中小企业合作。

对中小企业的扶持可以包括：①落实和完善支持中小企业发展的财税优惠政策；②引导社会资本、商业银行、各类创业投资基金对中小企业投资；③鼓励大学、科研院所、工程中心等对中小企业开放共享各种实（试）验设施；④建立信息互通平台，为中小企业提供创业、创新、融资、咨询、培训、人才等专业化服务。

（五）推动生产要素流转，加强要素集约利用

针对晋江产业升级面临的生产要素瓶颈限制，特别是可供成片开发

土地稀少的短板，有两种缓解思路。一方面，可以通过对既有低效利用土地进行重新规划、开发甚至置换，提高土地集约利用程度。创新土地供应体制，允许各地试行工业用地弹性年期出让制度，合理确定工业用地出让期限。鼓励旧工业区通过产业置换提高产业集聚度，向专业园区发展。另一方面，可以通过改造既有闲置工业厂房、商务科研楼宇、仓库等空间，改变既有要素的使用功能，盘活既有资源。推进老城区、旧厂房、城中村的改造和保护性开发，使之成为科创企业孵化器、初创企业空间等；推动村居工业小区的改造提升，对具有发展潜力的优先将其改造成标准化、规范化的工业厂房和"科技厂房"。

（六）强化信息技术建设，提高公共服务能力

大力推动完善信息技术硬件与软件建设，实现企业之间、政府部门之间信息处理无缝对接。积极建造工业云服务和工业大数据平台，各产业打造物联网信息系统，实现信息资源整合。

推进城市信息管理平台建设，优化政府组织结构和工作流程，实现决策、监督、服务不同领域信息共享。推动物联网应用融入民众生活，在医疗、教育、购物、出行等方面实现智能化，提高政府公共服务能力。

（七）依托产学研结合，吸引产业人才落地

人才是晋江产业升级的核心要素，也是限制晋江发展的短板之一，因此，晋江不仅仅要将人才引进来，更要留住人才。在引进人才方面，应以一流高校、一流科研机构、顶尖创新团队为载体，建造大学城或科研园区，发挥园区效应和集群效应，实现规模化引进。以晋江国际机场、晋江高铁为中心，建设联结长三角到珠三角快速交通网络，实现人才跨区域快速流动。

（八）积极打造对外渠道，推动本土企业国际化

利用"一带一路"和"21世纪海上丝绸之路"先行区建设契机，积极建立渠道，对接海外资金、市场、人才、资源等要素，推动本土企业"走出去"。推动企业在境外设立商务机构，推动企业赴外投资，推

动企业参加境外展会，推动企业进行国际并购，鼓励企业在海外资本市场上市。

同时，积极将境外优质的资金、人才、资源"引进来"，利用境内外丰富的人际与平台资源，鼓励晋江籍300万海外侨胞、学子回到晋江投资、创业，设立企业总部、投资总部、金融总部、技术创新总部、创业园区等。

（九）结合产业城市优势，提升城市品牌建设

城市品牌弱于产业品牌也是晋江向高层次高质量发展的限制因素之一。因此，必须利用产业优势与晋江地理、自然、人文环境优势，促进晋江城市品牌形象与企业品牌经营形成良性互动、协调发展。

全力打造产业品牌，建立以产业品牌推广城市品牌的体系。首先，利用明星企业，与既有的城市名片——如"纺织名城""中国鞋都""世界夹克之都"等——捆绑推广晋江，让晋江成为家喻户晓的县域城市。其次，积极宣传"一带一路"扩展区、21世纪海上丝绸之路新起点、滨海生态名城、体育时尚之都、"晋江经验"等城市概念与主题。特别可以利用既有服装、制鞋产业优势，结合"体育＋"概念，通过积极举办国际级别体育赛事，打造"体育运动之城""体育时尚之都"等城市品牌，提升城市知名度。

二 提升营商环境软实力的建议

对标营商环境评估的标准，掌握评估技巧，让晋江的营商环境建设既能够取得成效，也能叫座。党中央、国务院已经明确要求借鉴国际经验，抓紧建立营商环境评价机制，逐步在全国推行。目前由国家发改委主持的营商环境评价指标体系已经基本完成。事实证明，营商环境好，并不代表营商环境评估就一定能够得到相应的得分。学习和掌握营商环境评估的技巧是一项基本功。

要高度重视市场主体和市场专业服务人员的获得感：政府采取的改

善营商环境的措施，如果没有营商人士感知得到，在营商环境排名中仍然无法获得高分。晋江应将更多精力放在优服务、造环境上，让企业看得到"晋江速度"，感受到"晋江温度"。充分利用"大数据"、"互联网＋"、购买专业服务等方式，为企业提供"一站式、全天候、零距离"的精细化服务，更加突出"一行一策"和"精准滴灌"，以最快速度响应企业需求，以最大限度支持企业转型，以最强力度服务企业发展。

制定促进法治化、国际化、便利化的营商环境的地方法规、条例和文件。是否拥有稳定的规则和条例是评估营商环境制度建设的主要指标。待评估城市应该按照"测评问题、地方答案、作为支撑的法律或规范性文件、具体条文、实践做法与典型案例"等五个要素，逐一列明，以使评估专家在核验答案时一目了然。为此，晋江应该进一步完善地方立法，制定更加明确的行动方案，积极总结地方经验，大力总结和推广示范项目、示范做法。

加快法治化、国际化、便利化的营商环境的综合平台建设。晋江营商环境的综合性、智慧化、信息化平台依然不够完善。一方面，这受到数据管理和审批权限的客观限制；另一方面，与兄弟省份和城市的突飞猛进相比，这也说明该项工作依然有着较大的进步空间。晋江应突破政务信息资源整合、服务窗口管理、"互联网＋政务"、并联审批等重点难点问题，大力推进智慧城市建设，积极对接省、市两级政务信息共享平台及电子证照系统，完善基础设施服务。

营造普惠有效的财税环境，建立企业融资多元渠道。财税政策与融资环境对企业转型升级发展至关重要，特别是对中小企业的发展至关重要。晋江未来应积极梳理惠企政策，落实首台（套）政策、固定资产加速折旧、设备投资按比例抵免税额、研发费用加计扣除等财税政策，清理规范涉企收费。切实做到优化办理纳税服务，减轻企业税负。同时，转变创新财政资金支持方式，逐步减少对企业直接补助，从补建设向奖效益、从补企业向补平台转变，采取奖励性、资本性、有偿性等多种投入方式，提高财政资金的使用效率。

鼓励银行业机构增加对产业转型升级的金融支持，对产业升级、企业技改、先进装备制造业、智能制造、战略性新兴产业、海洋经济等领域重大项目优先给予信贷支持。加大对小微企业的信贷支持力度，发挥银行机构资金供应渠道作用，完善担保体系，扩大小微企业信贷投放范围，同时，鼓励和引导民营资本与银行机构不良资产包承接主体合作，有效防范化解中小微企业金融风险。构建多层次区域资本市场，鼓励企业利用海内外资本市场进行融资；积极引进民营风投企业对创新企业或创新项目进行投资。

大力培育现代社会组织，更加充分地发挥社会组织在调节营商环境中的作用。当前我国社会组织的建设已经进入快速发展期，随着行业协会商会脱钩工作进入攻坚阶段，越来越多的政府职能需要由包括社会组织在内的第三方机构来承担。晋江应该抓住这一历史机遇，大力推进现代型的社会组织发展，尤其是推动企业基金会、社区基金会、智库、社会服务机构的发展，为促进形成真正的多元共治的社会治理格局提供更多的主体，从而为彻底打破个人庇护主义、用法人关系替代个人关系、建构政企互动新模式提供更加有力的制度保障。

弥补法治化营商环境建设创新不足的短板。为民营经济创造公平公正的法治环境是一项长期的事业，法治环境的改善并不是一夕之间就可以完成的。一些相对来说比较容易操作的工作可以成为法治建设的突破口。如加快建立互联网法院（庭），将为企业提供优质、高效和便捷的法律服务作为推进经济领域，尤其是民营经济领域，法治建设的突破口。鼓励法治部门与商会、律师协会等多元主体合作，创造性地开展工作，为企业推广公司法务部门和公司律师队伍建设提供便利。同时，积极支持商会和行业协会发挥自律功能，逐渐让"法律的骨骼和道德的灵魂"深入到企业家的意志和行动中去。

| 第四章 |

新型城镇化和城乡一体化

城镇化是国家现代化的重要标志，是现代化的必由之路。对于现代化而言，城镇化既是严峻挑战，也是巨大机遇。过去我国主要依靠劳动力廉价供给、土地等资源粗放消耗和非均等化基本公共服务成本压低来推动城镇化快速发展的道路已不可持续，城镇化发展由速度型转向质量型势在必行。

2013 年 12 月，中央城镇化工作会议提出了走新型城镇化道路的任务，必须走以人为本、四化同步、优化布局、生态文明、文化传承的中国特色新型城镇化道路。走出一条新型城镇化道路，不仅有利于释放内需巨大潜力，有利于提高劳动生产率，有利于产业结构转型升级，也有利于破解城乡二元结构，有利于促进社会公平和实现共同富裕。上述会议要求，要以人为本，推进以人为核心的城镇化，提高城镇人口素质和居民生活质量，把促进有能力在城镇稳定就业和生活的常住人口有序实现市民化作为首要任务。要优化布局，根据资源环境承载能力构建科学合理的城镇化宏观布局，把城市群作为主体形态，促进大中小城市和小城镇合理分工、功能互补、协同发展。要坚持生态文明，着力推进绿色发展、循环发展、低碳发展，尽可能减少对自然的干扰和损害，节约集约利用土地、水、能源等资源。要传承文化，发展有历史记忆、地域特色、民族特点的美丽城镇。

　　改革开放以来，晋江在市场化背景下，成功实现了乡村工业化，取得了全国瞩目的成绩，总结形成了"晋江经验"。21世纪特别是党的十八大以来，晋江在新型城镇化的道路上不断努力探索，通过新型城镇化的综合引领作用，成功走出了一条全面发展之路，继承和丰富了"晋江经验"。从2010年开始，晋江大规模推进城市建设，逐步改变"城市不像城市、农村不像农村"的旧貌，实现了从"业、城、人"向"人、城、业"的转变，走出了一条城乡统筹、产城互动、节约集约、生态宜居、和谐发展的新型城镇化道路。与此同时，晋江也在不断推进新农村建设和乡村振兴，城乡规划、城乡建设和城乡服务的一体化程度也不断提高，公共资源在城乡之间得以更为合理的分配。多年来，"晋江经验"已从原来的经济领域，逐步丰富和拓展到经济社会发展的各个领域，正如《人民日报》2017年3月18日头版头条文章《晋江之路——"晋江经验"15年发展传承综述》所述，"这座城市不断探索、不断创新、不断丰富'晋江经验'，成功走出一条全面发展之路"。

　　晋江新型城镇化进程具有中小城市形成和发展的原生态标本性质。2014年，习近平总书记对福建晋江推进新型城镇化试点工作做出重要批示："眼睛不要只盯在大城市，中国更宜多发展中小城市及城镇。"①挖掘和总结好晋江新型城镇化的经验，特别是在正确处理好工业化与城镇化的关系、构建新型城乡关系、推动城乡一体化进程和贯彻"以人为本，为民建城"等方面的经验，对于中国众多的中小城市而言具有重要价值和借鉴意义。

---

① 中共福建省委、人民日报社联合调研组：《积极探索中小城市新型城镇化之路——福建省晋江市推进新型城镇化的经验与启示》，《人民日报》2014年12月22日，第13版；《奋勇迈上城镇化新阶段　党的十八大以来深入推进以人为核心的新型城镇化纪实》，《人民日报》2016年2月27日，第1版。

第一节　晋江加快城镇化的历史缘由与显著成就

1992 年晋江撤县建市，到 2002 年建市十周年时建成区面积只有 15.4 平方公里。在改革开放的前 30 年，特别是进入 21 世纪之后，晋江的城镇化严重滞后于工业化。城镇化不仅没有成为工业化的"推进器"，反而成为工业化的"瓶颈"和现代化的"掣肘"。

晋江早期的乡村工业化和城镇化是一个相对自发和自下而上的发展过程，这一发展路径在当时具有合理性，充分利用了晋江当地的特色和资源禀赋，但由于缺乏顶层设计和统一规划，发展到一定阶段后其弊端日益凸显。"村村点火、户户冒烟"的乡村工业化和"城市不像城市、农村不像农村"的传统城镇化模式不但无法发挥经济的规模和集约效应，也加剧了环境污染和生态破坏，更造成了城市各种配套设施落后，城市居民生活品质不高，城市聚集力、承载力、辐射力、带动力不足，导致第三产业和新兴产业发展缓慢、人才吸引力不强等突出问题。总之，城市化水平低下严重制约了晋江经济转型和产业升级、社会生活质量和城市综合竞争力的提升。

晋江真正加快城镇化进程始于 21 世纪初，特别是在 2010 年之后得到全面推进。2001 年，福建省政府批准晋江市按照中等城市进行规划建设。2002 年 6 月，时任福建省长的习近平同志在深入调研的基础上，将晋江经济社会持续快速发展的成功经验提炼概括为"六个始终坚持"的"晋江经验"①。2012 年 10 月，习近平同志又在《福建日报》发表题为《研究借鉴晋江经验　加快构建三条战略通道——关于晋江经济持续快速发展的调查与思考》的署名文章，充分总结了晋江经济发展

---

① 习近平：《研究借鉴晋江经验　加快县域经济发展——关于晋江经济持续快速发展的调查与思考》，《人民日报》2002 年 8 月 20 日，第 11 版。

取得的辉煌成就和存在的明显差距与不足，指出城市化与工业化发展不够协调，城市化发展滞后对工业化发展的制约影响已开始显现。在这篇文章中，他深刻地剖析了工业化与城市化之间的辩证关系并指出："工业化和城市化都是现代化建设的必由之路，彼此之间是一种互相依存、互相促进的辩证统一关系：工业的集聚必然产生城市，工业化的大规模集中生产拉动了城市化向前发展，是城市化的'发动机'；城市的根本特点是集中，城市化所产生的集聚效应和规模效益能够反过来推动工业化的发展，是工业化发展的'推进器'；工业化和城市化只有互相适应、协调发展，才能加快推进经济和社会的现代化建设。晋江市当前存在着城市化滞后于工业化发展的问题，城市整体品位不够高，城镇规划和管理工作落后，形不成优美、舒适的工作和生活环境。"① 因此，他要求"晋江和各地在新世纪，要正确处理工业化与城市化的关系，努力在推动工业化与城市化互促共进、协调发展方面探索、创造新的经验"②。

2003 年，晋江市第十届党代会及时把握城镇化发展趋势，提出"以加快城市化进程提升工业化水平、推进现代化进程，是探索符合晋江市情的发展道路的关键所在"和"跨越式建设中等城市"的必由之路。此后，晋江的城市化进程不断加快。2009 年晋江启动新一轮城市总规修编，将晋江城市发展定位为"中国品牌之都、现代产业基地、滨海生态城市"。晋江 2010 年版城市总体规划强调市区的带动作用，提出"一主两辅"（就是主城区，一个晋南辅城，一个晋西辅城）和整个规划是"全市一城"的概念，由此确立了"全市一城、一主两辅"的城乡一体发展格局。

---

① 习近平：《研究借鉴晋江经验　加快构建三条战略通道——关于晋江经济持续快速发展的调查与思考》，《福建日报》2002 年 10 月 4 日，求是版。
② 习近平：《研究借鉴晋江经验　加快构建三条战略通道——关于晋江经济持续快速发展的调查与思考》，《福建日报》2002 年 10 月 4 日，求是版。

2014年，晋江新型城镇化工作经验获习近平总书记的重要批示①，"晋江经验"被注入新内涵。2014年，福建省政府批复《晋江市推动农业转移人口市民化促进城镇化健康发展试点方案》，明确提出"以人的城镇化为核心，全面提高城镇化质量"的目标任务，晋江成为福建省唯一的国家新型城镇化县级试点。同年，福建省委在晋江召开全省新型城镇化工作现场会，提出学习推广晋江新型城镇化经验。2016年8月，新一届晋江市委按照"晋江经验"的内涵，为晋江未来描绘出一幅"国际化创新型品质城市"新蓝图，全力打造中小城市发展样板。2016年12月，国家发改委编制印发《新型城镇化系列典型经验之一——农业转移人口市民化案例》，将"福建省晋江市推进农业转移人口市民化案例"作为首个案例，向全国推广晋江农业转移人口市民化经验。2017年，晋江又出台《晋江市推动国家新型城镇化综合试点行动方案（2017～2020年）》。2018年4月28日，国家发改委网站发布关于印发第一批国家新型城镇化综合试点经验的通知，推广晋江"设立公共集体户口，解决有落户意愿但无住所人群的落户问题"的城镇化经验。

晋江推进新型城镇化建设，就是按照习近平同志上述关于"正确处理工业化、城市化的关系"和"推动工业化与城市化互促共进、协调发展"的要求，②把推动城镇化与工业化协调发展作为重中之重，紧扣外来和本地农业转移人口市民化这一主题，坚持以人为本，遵循规律、因地制宜、试点先行，走出一条中小城市城镇化发展之路。

经过多年的不懈努力，晋江市城乡面貌焕然一新，市容市貌脱胎换骨，城市发展框架进一步拉开，全市精细化城市管理体系初步建立，呈

---

① 中共福建省委、人民日报社联合调研组：《积极探索中小城市新型城镇化之路——福建省晋江市推进新型城镇化的经验与启示》，《人民日报》2014年12月22日，第13版；《奋勇迈上城镇化新阶段　党的十八大以来深入推进以人为核心的新型城镇化纪实》，《人民日报》2016年2月27日，第1版。

② 习近平：《研究借鉴晋江经验　加快构建三条战略通道——关于晋江经济持续快速发展的调查与思考》，《福建日报》2002年10月4日，求是版。

现现代化滨海国际城市的城市形象。城市转型发展给晋江带来的变化不仅表现为环境更优、城市更美、社会更和谐，还表现为产业更优、人才更多、创新劲头更足。2006～2018 年，晋江中心城区建成区面积从 42 平方公里拓展到 111 平方公里，初步形成"全市一城、一主两辅"的发展格局。城镇化率从 2006 年的 44.0% 提高到 2018 年的 67.0%，2018 年比 2010 年提高了 8.6 个百分点，实现了从"乡土晋江"到"城镇晋江"的历史性跨越，城市功能不断完善、城市品质不断提升，成为中国城镇化的一个生动的县域缩影。

晋江经济发展更有活力、更有竞争力。2018 年，晋江地区生产总值达到 2229 亿元，已建成 2 个超千亿元和 5 个超百亿元产业集群，县域经济基本竞争力连续 18 年居全国第 4～7 位。城乡居民人均可支配收入为 40212 元。晋江民生保障更加健全、更有温度。城乡低保、医疗保险、养老保险、社会救助等保障水平持续提升，在福建省实现"七个率先"，构建起 7 个民生保障体系。晋江社会更加包容和谐。110 多万"新晋江人"享受到较为全面、公平而优质的基本公共服务，认同感、融入感显著提升。晋江市政基础设施更加完善便利。现代城市的立体交通格局不断完善，全市目前拥有公路里程 2404 公里，陆域公路密度为 370 公里/百平方公里，是全国公路密度的 7 倍多。晋江生态环境更加优美。全市市区环境空气质量优良以上天数为 352 天。晋江还先后荣膺国家园林城市、国家生态市、中国爱心城市、七星级慈善城市、全国平安建设先进市和全国文明城市等多项国家级重要称号。2017 年晋江成功申办 2020 年第 18 届世界中学生运动会，开创了全国县级城市承办大型国际综合赛事的先河，晋江国际化进程迈出了坚实的一步。

改革开放 40 余年见证了晋江从落后农村向工业强县、从县域小城到中等规模的品质城市的巨大转变。晋江从"一方水土难养一方人"的农业穷县，建设成为全国县域经济发展典范、中小城市建设样板，走出了一条全面发展之路，创造了闻名全国的"晋江经验"。放眼未来，晋江要走的是一条以创新和国际化为导向的高质量发展之路，是一条以更高品质为追求的全面小康之路。

第二节 晋江历届党代会都把握城市发展脉络

晋江自 1992 年撤县建市以来，城镇化进程不断加快、城市化水平不断提升。特别是进入 21 世纪以来，历届中共晋江市委正确把握经济社会发展的宏观趋势和重大机遇，勇于迎接各种挑战，科学制定符合自身发展规律的城镇化发展目标、战略和任务，久久为功、一任接着一任干，在城镇化和城乡一体化的历史进程中取得了巨大成就和宝贵经验。

在波澜壮阔的改革开放进程中，晋江市经历了工业化、城镇化的洗礼，实现了从传统农业县到现代工贸基地、从农村集镇到中等城市、从温饱不足到宽裕小康的历史性巨变。取得巨大成就的关键在于党的正确领导。因此，中共晋江市委在历届党代会上的报告为我们更好地理解晋江城镇化道路提供了一把关键性"钥匙"。

晋江在新型城镇化进程中紧紧抓住了以下几个方面的主要关系：一是处理好城市化与工业化、现代化的关系问题，找准城市发展的战略定位，规划城市整体布局，并在此基础上提出阶段性的主要任务；二是处理好城乡关系问题，不断探索以城带乡、统筹城乡发展和城乡一体化的道路；三是处理好城市化与融入区域一体化及国际化的关系问题，把晋江的城镇化放到更大更广的区域发展和国际化格局中来考量；四是处理好城市发展与人的城镇化的关系问题，着重从本地农业转移人口和外来人口市民化的角度落实新型城镇化的要求。以上四个方面是晋江探索城镇化道路上所遇到并需解决的关键问题，我们分别加以概括和浓缩为表 4-1 至表 4-5 的内容。

表 4－1 晋江历届党代会关于城市发展定位方面的论述（2002～2018 年）

	发展定位	整体布局	主要任务
九届六次	"现代化制造基地、花园式侨乡滨海城市"的发展定位及向南和西南拓展的城市发展方向	把整个晋江作为城市来建设	- 提升工业化水平，加速城市化进程； - 建设中等城市，实现城市品位新跨越； - 构建现代城市经营和管理体制； - 坚持推进"四个集中"（2002）
十届	现代化制造基地、著名侨乡、生态型滨海城市（2003）	- 把晋江作为一个整体，引导城市向江、海拓展（2003）； - "三组团"：中心市区组团、产业经济组团、滨海宜居组团（2005）	- 把城市化与工业化有机协调起来，加快推进"四个集中"，不断提高城市品位。健全城市发展体系：（1）构建完备的城市规划体系；（2）实现中等城市跨越式发展；（3）以经营管理念做大城市产业；（4）形成高效的城市管理体制（2003） - 推进新城市化进程，全力加快中等城市建设；落实"四个集中"原则和"三组团、五配套、十保障"规划（2005）
十一届	- 现代化制造基地、商贸中心、滨海港口城市（2006） - 现代产业基地、滨海园林城市（2010）	- "一城两镇三组团"的总体布局（2006） - 全市一城、"拥湾面海、一核两翼、三大走廊、多区联动"的城市发展布局、"七大组团、两大体系"（2010）	- 全面推进"一城两镇三组团"建设（2006） - 加快推进城市化，加快建设中心市区和城镇体系（2008） - 产业提升，城建提速；以城建提速反推产业提升，以城市化带动工业化（2010）
十二届	- 现代产业基地、滨海园林城市（2011） - 中国品牌之都、现代产业基地、滨海生态城市（2013）	- "九大组团、两大体系"（2011） - "全市一城、一主两辅"的城乡一体发展局（2012）	- "产业、城市、生态、民生、党建"五大工程；在生态修复方面，还晋江山清水秀、天蓝、地绿的面貌（2011）； - "产业提升，城市提质"；全力推动"五城同创"（智造名城、环湾新城、生态绿城、幸福康城、人文之城）（2012）； - 生态文明建设摆在更加突出的位置（2012）； - 全力推进"七大工程"（包括城市品质提升、生态环境提升等）（2014）；

续表

发展定位	整体布局	主要任务
十三届 －国际化创新型品质市（2016） －打造本地人留恋、外地人向往、更多人可托付终身的现代化品质城市（2017） －可托付终身的品质之城（2018）	－"一主两辅、六大新增长区域"	－全力打造国际化创新型品质城市，丰富"晋江经验"；坚定不移推进"三大战略"，即"人才强市"、"新型城镇化"战略和"国际化"战略（2016）； －全力推进城市品质提升工程；全力打造中小城市发展样板；全力建设生态文明试验区，全力争创国家生态文明建设示范市（2017）；

资料来源：本表根据中共晋江市委在历届（次）党代会上的报告制作。

表4-2 晋江历届党代会关于城乡统筹和城乡一体化的论述（2002～2018年）

	城乡关系：城乡统筹与城乡一体化
九届六次	－撤县建市十周年。初步形成中等城市的基本框架，带动周边农村发展，改善农村生产和生活环境（2002）
十届	－在加快城市化、提升工业化的进程中，必须顺应以工哺农、以城带乡的趋势，进一步加大"三农"工作领导力度，农村改革和统筹城乡发展，实现工农、城乡协调发展（2005） －全面推进社会主义新农村建设。加强农村的公共就业服务制度（2006） －推进城乡一体，在统筹城乡发展中促进城乡公共服务均等化。统筹城乡规划，统筹城乡建设试点工作，全力抓好农村社区建设并进，坚持以城镇化的思路建设现代村；建立城乡一体的公共就业服务制度（2007）
十一届	－关系。着眼于逐步实现城乡公共服务均等化的新格局，树立"全市一座城"的理念，从制度层面全面推进城乡发展，向农村辐射（2007） －加快构建城乡一体化发展新格局，开创城乡一体化的新格局；要以规划引领城乡一体化，牢固树立"全市一座城"的理念，就业服务、公共设施、基础设施、社会保障、领导体制"五个一体化"（2009）

续表

	城乡关系：城乡统筹与城乡一体化
十二届	－ 进一步实现城乡产业统一布局、城镇功能统一规划、基础设施统一建设、基本社保统一标准、公共服务统一供给（2011） － 按照"环湾、向湾、同城化"要求，探索推进社会经济社会发展规划、城乡规划、土地规划"三规合一"。打造"全市一城、一主两辅"城市格局，统筹推动城乡一体化（2012） － 围绕"城市更像城、村更像村"，推动城乡基础设施一体化和公共服务均等化，加快推进城乡基础设施"6+1"系列工程（2014）
十三届	－ 在一体发展中推动乡村振兴。全力推进乡村振兴战略，让农村和城市享有一样的生活品质，不一样的生活感受（2017） － 大力推动乡村振兴。农村和城市都要发展好，鼓励引导项目、资金、技术、人才等回流农村，推动公共服务向农村延伸，社会事业向农村覆盖（2018）

资料来源：本表根据中共晋江市委历届（次）党代会上的报告制作。

表4-3 晋江历届党代会关于区域化、国际化趋势的论述（2002～2018年）

	区域一体化/同城化趋势	城市的国际化趋势
九届六次	－	－
十届	在海峡西岸经济区和泉州湾滨海城市建设中找准定位（2005）	－
十一届	－ 努力在海峡西岸城市群建设中实现跨越式发展；主动融入海峡西岸城市群发展战略（2008） － 坚持融入融合，呼应同城化发展趋势；加快同城化步伐（2010）	－

续表

	区域一体化/同城化趋势	城市的国际化趋势
十二届	- 统筹城乡规划，融入泉州环湾城市。主动对接海西城市群和泉州环湾城市发展规划，努力实现城市功能、基础设施、公共服务与泉州中心城区全面对接。必须更加主动地融入海西，对接"大泉州"，在区域一体化进程中，彰显特色、提升能级（2011） - 区域一体，同城联系已是大势所趋；抢占泉州环湾建设制高点（2012） - 更好地融入厦漳泉同城化，泉州环湾城市建设，迅速提升城市承载力、人才吸引力和高端业态聚集力（2014）	- 晋江机场更名为泉州晋江国际机场（2014） - 打造若干所国际化"完备社区"，精致化（2015）；创办若干所国际和国际化学校，满足高端教育需求（2015）
十三届	- 积极融入厦漳泉同城化。晋西辅城更加注重整合提升于优质文化资源，构筑联系泉厦两地的重要产业、文化交通"功能高地"，打造泉州南翼新城核心区（2016） - 全面融入泉州环湾城市建设，打造夏漳泉都市圈重要节点城市（2017）	- 全力打造国际化创新型品质城市，丰富"晋江经验"，坚定不移推进"国际化"战略。以国际化标准推进城市配套，营造一流营商环境，让城市更具"国际范"。加快推进城市国际化进程，坚持世界眼光、国际标准、立足本土优势，开展国际对标行动，推动城市规划、建设、管理与国际接轨，促进公共服务、社会管理、人文环境跟上国际节奏，引进一批具有国际背景的教育医疗资源，积极承办国际会议和赛事，打造具有国际气息、人文特色的开放城市，让晋江拥抱世界，让世界喜欢晋江（2016） - 加快推进城市国际化进程，打造开放晋江。要以全球化视野和国际化思维，吸引更多高端资源走进晋江，人文特色的开放城市，打造一批国际化人才，引进一批国际化项目，打响一批国际化赛事品牌，营造一流的国际化营商环境（2017）

资料来源：本表根据中共晋江市委在历届（次）党代会上的报告制作。

表 4 - 4 晋江历届党代会关于人的城镇化的论述（2002～2018 年）

届次	人的城镇化（市民化、生活方式、人口素质等）
九届六次	积极扩大就业，鼓励招收本地劳动力，引导农村富余劳动力向非农转移。"镇改街、村改居、农民改居民，市区作全面调整"的城市管理体制改革（2002）
十届	- 促进从农民向市民转变；高度重视城市化过程中农民的就业问题，提供就业援助；探索建立失地农民的社会保障机制；探索建立农民生活保障体系（2003） - 免费义务教育全面普及，覆盖城乡。关心外来民工子弟学校的多种创办形式，促进义务教育均衡发展。逐步完善覆盖城乡居民的社会保障体系（2005）
十一届	- 坚持自主创业励一部分，发展第二和第三产业容纳一部分，进城务工转移一部分，大力促进农村劳动力转移，使新农村建设惠及广大农民。加快建立被征地农民基本养老保险和农村最低生活保障制度，即征即保。完善城乡居民最低生活保障制度（2006） - 做好农民工工伤保险和大病医疗保障工作；完善被征地人员养老保险政策，扩大试点范围。落实农民工子女入学的"同城待遇"；完善被征地人员养老保险配套措施（2007） - 深化户籍制度改革，降低城市落户门槛，加快人口城市化进程。全面落实"三不"承诺和"流动人口服务管理15条"（2008） - 被征地人员养老保险、新农合、低保等"三道保障线"（2009）
十二届	- 实施外来流动人员"居住证"管理制度；推动外来常住人口变"新晋江人"（2011） - 全面实施"居住证"制度，保障外来务工人员权益均等化。深化户籍制度改革，探索实施"两分两换"，推进农民集中居住，土地规模经营，让农民变为市民；加快实施"居住证"制度；加快流动人口基本公共服务均等化，确保流动人口市民化，解决流动人口户口问题（2012） - 加快推进人的市民化，推动外来人口本地化和进城农村人口市民化（2013） - 全面放开落户限制，居住证待遇拓展至30项，出台积分待遇办法，在放开落户限制基础上，研究建立外来人口市民化成本分担机制，居住证变市民。深化户籍制度改革，完善农业转移人口市民化成本分担政策，推动同城同待遇，融得留得住，促进外来人口落户晋江。城市扩征"七个换"模式（2014） - 更加注重人的城镇化，深化户籍制度和市民化成本分担机制改革，完善居住证制度和积分政策，提高市民文明程度。更加注重人的城镇化对人的素质和城市文明的促进作用，提高市民文明素质和城市文明程度，充分发挥创建全国文明城市对人的城镇化的促进作用（2015）

续表

	人的城镇化（市民化，生活方式，人口素质等）
十三届	- 加快人的城镇化。强化融合融人，让城市更加包容，共建共享。更有温度。深化户籍制度改革，完善居住证制度和积分优待政策，健全生活保障、生产就业、人文关怀机制，完善社区建设管理机制，创新新型社区，新建小区管理模式，全力推动外来人口本地化、农业转移人口市民化（2016） - 深化基层服务社会化试点，优化外来人口市民化政策体系（2017）

资料来源：本表根据中共晋江市委在历届（次）党代会上的报告制作。

表 4－5　晋江建市以来城市发展和建设领域的重大事件（1992～2018 年）

年代	重大事件
1992～1999 年	- 1992 年，撤县建市。福建省省政府赋予晋江市改革开放综合试验 15 条政策措施，并赋予晋江县级市相当于地级市的经济管理权限 - 1995 年，晋江编制了第一轮《晋江市城市总体规划修编（1995～2020）》 - 1996 年，提出了"引导耕地向规模经营集中，企业向工业园区集中，人口向城市和集镇集中，住宅向现代社区集中"的"四集中" - 1998 年，晋江提出"品牌立市"，实施品牌战略，成立"晋江市工业园区"
2000～2009 年	- 2001 年，福建省委省政府批准晋江为中等城市 - 2002 年，时任福建省省长的习近平同志在《人民日报》和《福建日报》发表关于"晋江经验"的理论文章，深刻地阐述了工业化与城市化的关系 - 2004 年，晋江完成市域概念规划和城镇总体规划编修，出台加快建设中等城市决定 - 2005 年，晋江市委十届五次全体扩大会议提出了"一城两镇三组团"的建设发展目标，将晋江全市域作为一个城市整体来规划建设 - 2006 年，晋江在全省率先建立被征地农民养老保障制度 - 2007 年，晋江成立城市规划委员会 - 2009 年，组建城市建设领导小组，成立城建支资开发公司，启动城市总体规划和城乡建设五年计划编制。同年，晋江成为全国首批新型农村养老保险试点，率先将保障范围扩大到了城镇居民，建立了覆盖城乡的养老保障制度

续表

年代	重大事件
2010年至今	－2010年开始，晋江大规模推进城市改造和城市建设，先后策划实施九大组团，五大片区等16个片区的旧城和棚户区改造，改造面积超过1300万平方米，累计投入超过1000亿元；重点实施"产业、城市、环境、民生"四大工程。同年，被确定为全国社会管理创新综合试点城市 －2011年，在福建全省率先实行"居住证"制度，此后不断深化完善，让流动人口享受更多市民化待遇。进一步提出"全市一城，城乡统筹"发展思路 －2013年，提出"五城同创"战略，成为福建省唯一国家新型城镇化县级试点 －2014年，成立市城乡规划委员会，2013年城市总体规划委编获福建省政府批准，村庄规划实现全覆盖；出台环境提升三年行动方案。2014年实施"河长制"，习近平总书记对晋江召开全省新型城镇化现场会，做出重要批示："眼睛不要只盯在大城市，中国更宜多发展中小城市及大城镇。"提出学习推广晋江新型城镇化经验。福建省政府批复《晋江市推动农业转移人口市民化促进城镇健康发展试点方案》，提出"以人的城镇化为核心，全面提高城镇化质量"目标 －2016年，新一届晋江市委提出全力打造"国际化创新型品质城市" －2017年，晋江成功申办2020年第18届世界中学生运动会，开创了全国县级城市承办大型国际综合赛事的先河。同年，晋江市出台《推动国家新型城镇化综合试点工作方案（2017～2020年）》，探索实践"以人为本、四化同步、优化布局、生态文明、文化传承、智慧发展"的新型城镇化发展道路。同年，荣膺全国文明城市称号

资料来源：本表根据中共晋江市委历届（次）党代会上的报告制作。

现将表4-1至4-5中涉及的相关概念和表述简要介绍如下。

（1）"四个集中"。"四个集中"即耕地向规模经营集中、企业向工业园区集中、住宅向现代社区集中、人口向市区和集镇集中。

（2）"三阶段""三组团""五配套""十保障"。"三阶段"即：第一阶段，到2010年，初步形成中等城市的雏形，城市化水平达55%以上；第二阶段，到2015年，将晋江市建设成为福建省重要的、高层次的特色产品系列加工制造基地，区域性、专业化经济中心，泉州湾地区人居环境较好的城市之一，城市化水平达65%以上；第三阶段，到2020年，将晋江市建设成为福建省具有国际竞争力的先进加工制造业基地、福建省内二级经济发展中心、生态型滨海城市，城市化水平达70%以上。"三组团"即中心市区组团、产业经济组团、滨海宜居组团。"五配套"即立体交通、供水排水、园林绿化、电力燃气、环境卫生。"十保障"即组织领导、队伍建设、宣传引导、规划执法、体制创新、城市经营、产业培育、资源整合、资金投入、检查监督。

（3）"一城两镇三组团"的总体布局。"一城两镇三组团"即：把全市陆域649平方公里、121公里海岸线作为一个城来规划；加强陈埭经济重镇、安海文化古镇的规划建设，发挥产业集聚带动和城镇辐射示范作用；做优中心市区组团，做强产业经济组团，做美滨海宜居组团，建设民富市强、和谐发展的现代化制造基地、商贸中心、滨海港口城市。

（4）"七大组团""两大体系"。"七大组团"即梅岭组团、滨江组团、青阳组团、城北组团、安海组团、金井组团、内坑组团；"两大体系"即交通体系和环境体系。

（5）"九大组团""两大体系"。"九大组团"在"七大组团"的基础上加上磁灶组团和东石组团；"两大体系"即交通体系和生态体系。

（6）"拥湾面海""一核两翼""三大走廊""多区联动"。"拥湾面海"就是融入泉州环湾规划，打造海西新兴海湾型城市。"一核两翼"就是以主城区为核心，以晋西和晋南为两翼，推动"全市一城"建设。

"三大走廊"就是沿湾战略走廊、高铁道口经济走廊、临空集聚走廊。"多区联动"就是打造涵盖经济开发区,出口加工区、现代物流区、现代服务业集聚区等多元化产业区域。

（7）"全市一城""一主两辅"。"全市一城"即全市 649 平方公里按照城市的标准进行统筹规划建设。"一主两辅"即一个主城区,形成磁灶—内坑、滨江—陈埭、池店—紫帽、老城区—新塘罗山、灵源—永和五大相对集聚的功能组团,并对接泉州,提升环泉州湾区域的高端商务金融功能,规划范围 288 平方公里。两个辅城区,晋西辅城以安海—东石组合城市为核心,发展安海组团和内坑组团,规划范围 185 平方公里;晋南辅城依托滨海区位优势,发展金井—英林、龙湖—深沪两大功能组团,形成以金井为中心的四镇组合城市,规划范围 176 平方公里。

（8）"三不"承诺。"三不"承诺即决不让一名外来务工人员因恶意欠薪而领不到工资,决不让一名外来务工人员维不了权,决不让一名外来务工人员子女上不了学。

（9）流动人口服务管理 15 条。在晋江务工、经商、创业的流动人口持有本市暂住证、符合相应条件的,可享受以下待遇:①劳动就业,申领工商营业执照等有关证照;②子女享有免费义务教育服务;③依法参加各项社会保险;④依照本市户口政策申请登记为常住户口;⑤享有劳动就业、租房信息、联系家政咨询服务;⑥享有纠纷调处、法律咨询和法律援助服务;⑦享有国家规定的计划生育生殖保健基本项目服务;⑧享有本市组织劳动就业培训服务;⑨按规定申办机动车驾驶证、行驶证;⑩按规定购买经济适用房、限价房;⑪享有儿童免费预防接种一类疫苗服务;⑫享有参加职工医疗互助活动的机会;⑬对贫困流动人口住院费用实行减免;⑭对有特殊困难的流动人口,根据实际情况给予适当临时困难救助;⑮对劳务纠纷案件,优先立案,优先审理,优先执行,并依照规定对诉讼费用实行减、免、缓交。

（10）"居住证"制度。2011 年 7 月 1 日,晋江市实施外来流动人员居住证管理等制度，持有居住证的外来人员在新农合参保、事业单位招聘、住房公积金缴存、经济适用房购买等方面享受市民化待遇。

（11）"两分两换"。"两分两换"即：将宅基地与承包地分开，搬迁与土地流转分开，以承包地换股、换租、换保障，推进集约经营，转换生产方式；以宅基地换钱、换房、换地方，推进集中居住，转换生活方式。

（12）"七个换"。在城市更新改造过程中，被征迁群众可以以被征收土地房屋换安置房、商务办公楼、店面、商场、SOHO、现金、股权等，以此来盘活资产，实现资产的保值增值。

概而言之，改革开放以来晋江的城镇化发展道路经历了从乡村工业化和自发城镇化到全面加速城市化再到新型城镇化、城乡统筹一体发展这样一个螺旋式上升发展的过程。晋江历届市委市政府对城市化规律的认识也经历了一个不断深化和更为全面的发展历程。在早期阶段，蓬勃的乡村工业化为晋江城镇化奠定了雄厚的经济基础和客观社会条件；但城市发展严重滞后、生态环境不断恶化、外来人口管理服务的压力等问题愈加凸显。在全面加速城市化阶段，晋江城市的整体布局更为合理、城镇体系更为完善，城市的规模效应、聚集辐射功能和各项服务功能得到显著提升，"全市一城"的规划和建设理念牢固树立，外来人口的市民化进程取得显著进展，但农村的均衡持续发展及生态建设任务也日益紧迫，城市管理和社会治理体系也亟待同步推进。在新型城镇化和城乡统筹发展阶段，"人的城市化"的理念在晋江牢固树立，城乡一体化水平和生态文明建设力度显著提高，城市功能、城市品质和城市管理提升到更高水平，新型城镇化的内涵得以全面拓展，包括更加注重人的发展和人才战略、更加注重社会保障体系和公共服务均等化、更加注重城乡均衡发展和乡村振兴、更加注重城市与自然的和谐关系、更加注重保持历史底蕴并彰显地方文化特色以及更加注重主动融于区域一体化和国际化大趋势之中。

第三节 晋江新型城镇化和城乡一体化的 主要做法与成功经验

近年来，晋江坚持问题导向，强化薄弱环节，围绕"以人为本"和"农业转移人口市民化"全力推进国家新型城镇化试点和农村土地"三项"制度改革试点工作。

通过多年努力，晋江市逐步探索出一条独具特色的新型城镇化之路：坚持以人为本，公平共享，突出融入融合，推动外来人口市民化；坚持以产兴城，以城促产，突出互动联动，促进产城融合，推动产业支撑高效化；坚持城乡统筹、全市一城，突出同城同步，加快基础设施和公共服务城乡一体化；坚持为民建城，突出城市品质，推动城市建设和管理现代化；坚持文化传承，体现特色，突出根脉文脉，推动地域文化品牌化，让人们记得住乡愁。

一 坚持以人为本，以外来人口市民化为重点推进新型城镇化

2015 年，习近平总书记在中央财经领导小组第九次会议上强调"推进城镇化的首要任务是促进有能力在城镇稳定就业和生活的常住人口有序实现市民化"①，深化户籍改革成为推进新型城镇化的首要突破口。

晋江新型城镇化之所以取得如此显著的成效在于其以人为本的理念贯穿于城镇化的全过程。在晋江，"人的城镇化"包括外来人口本地化和进城农村人口市民化这两个方面；前者指实现从不完全城市化向完全城市化转变，后者指实现从城乡分割的城市化向城乡一体的城市化转变。

晋江民营经济发达，劳动密集型产业集中，是世界闻名的工业制造

---

① 《习近平主持召开中央财经领导小组第九次会议》，新华社，2015 年 02 月 10 日。

业基地，发达的产业基础集聚了规模庞大的外来人口。改革开放40余年来，外来人口一直是晋江工业化、城镇化、现代化建设的主力军。外来人口超过本地人口是晋江的市情，也是其推进城镇化面临的难题。如何让这些在异乡城市打拼的流动人口主动融入晋江、扎根晋江，成为晋江市委市政府在新型城镇化中探索的核心问题。

晋江在推动本地农业转移人口就地就近市民化的同时，着力促进外来人口在晋江安居乐业，稳步推进外来常住人口市民化。百万外来创业务工人员为晋江带来重要的人口红利，晋江坚持"同城同待遇，保障全覆盖"，不断深化户籍制度改革，完善同城化待遇政策，加快人口城市化进程。努力让外来人口和本地人一样，享受同城化待遇；让百万外来人口真正扎根晋江，融入晋江，让为晋江发展带来"人口红利"的外来人口也平等享受到晋江的"发展红利"。

早期晋江出台的"流动人口服务管理15条"，做出"三不"承诺；2011年在全省率先实行"居住证"制度，多年来，居住证"含金量"不断提高。目前有110多万名持证外来人口享受包括义务教育、医疗卫生、新农合参保、事业单位招聘、住房公积金缴存、经济适用房购买等30项市民化待遇，实现了基本公共服务向常住人口全覆盖。2014年又推出市民化积分优待管理政策，每年提供1000个优惠购房资格、1000个公办起始学位。

深化户籍制度改革，降低城市落户门槛。全面放开落户限制，实行"无房也可落户""先落户后管理"政策，大大降低外来人口落户门槛。通过购房、投资经商、人才引进、院校毕业、常住人口、先进模范这6种途径，基本实现了"零门槛"；居住满一年即可落户，实现了无房也可落户。同时，围绕解决"户口落哪里"问题，在规模以上企业或镇村所在地建立"集体户"。截至2016年底，累计已有28467名外来人员落户晋江。

落实外来人口子女入学的"同城待遇"，保障教育公平和公益性。推动公办学校向外来务工人员子女零门槛开放，外地学生与本地学生享有同等入学权益，实现义务教育全覆盖，率先在福建全省实行公办高中和中职学校免学费，率先在福建全省实行新农合跨省异地结报。目前有21.53万名外来学生在晋江就学，占学生总数的60%，其中有93.2%就读于公办学校，很好地解决了外来人口扎根融入晋江的后顾之忧。

晋江以"人的城镇化"为核心，做到了常住人口同城同待遇，实现"保障全覆盖，待遇均等化"，推动外来人口变"新晋江人"，使外来人口"进得来、留得住、融得入"，大大增强了"新晋江人"的归属感和认同感，走出了一条富有特色的外来人口市民化道路。

二 促进产城融合，实现工业化与城镇化良性互动

近年来，晋江市坚持走"产城一体、融合发展"的路子，推动产业发展与城市建设良性互动、协调并进。

近20年来，晋江市对城市化、工业化和现代化三者关系的认识不断深化，城市发展的思路和战略不断完善。21世纪初，晋江市提出"建设中等城市"的目标，发展重心开始从农村向城市转移。2003年晋江市第十届党代会提出"以加快城市化进程提升工业化水平、推进现代化进程，是探索符合晋江市情发展道路的关键所在"。

城市定位与时俱进，日趋合理。起初，晋江着力弥补城市化滞后的短板，提出建设"现代产业基地、滨海园林城市"的目标；随后，晋江更加注重促进现代化建设各方面相协调，提出整体推进"五城同创"（智造名城、环湾新城、幸福康城、生态绿城、人文之城）；现阶段，晋江根据时代发展趋势提出了人才强市、新型城镇化和国际化三大战略，正在全力打造"国际化创新型品质城市"。

晋江按照"产城融合"的发展思路，以产业提升倒逼城市转型，以城市更新促进产业优化。产业集聚带动人口集聚，产业升级伴随户口入籍是晋江城镇化的重要特点。晋江提出了"先进制造业立市、高新产业强市、现代服务业兴市"的新实体经济发展思路。为了与此相适

应，从 2010 年开始，晋江大规模推进城市改造和城市建设。近年来，晋江投入 1400 多亿元，实施了 9 大组团建设和 5 大片区改造，培育打造功能凸显、配套齐全、产城一体的"六大新增长区域"，拉开了城市骨架，释放出城市综合能力。通过大力推动"一区多园"和功能组团的规划建设，充分发挥工业园、科技园、文化创意园等园区的载体作用，实现资源和要素的优化配置。全市先后建成创意创业创新园、高校科教园等 5 大创新载体。同时，结合城市更新布局一批高端商业综合体，集中力量建设一批城市综合体，配套一批公共基础设施，培育一批新型商贸业态，打造一批园林景观，迅速提升品位、改变形象。使城市基础设施和公共配套更加完善，城市承载力进一步提高，支撑了一批现代服务业和战略性新兴产业的发展。晋江通过城市的不断更新带动了产业的提升、结构的优化、人才的聚集，推动了总部回归、企业回迁、税源回流、人气回升。人居环境的改善、城市空间布局的优化，引起了晋江外迁企业的回归潮，2010～2013 年有 232 家企业总部、销售中心回归，回归税源达 20 多亿元。

另外，晋江通过产业结构升级优化，吸纳了大量就业人口和农村转移劳动力，提高了城镇人口聚集度，扩大了城乡居民消费面，推动了城市经济增长和发展繁荣，为城镇化的深入推进创造了条件。由此形成产业提升和城市转型相辅相成、产业格局和城市布局相得益彰。

三 完善配套设施和公共服务，提升城市品质，打造宜居城市

近年来，晋江把提升城市品质作为城市转型发展优先突破的方向，大力推进产业、城市、民生、生态、三农、文化、开放等"七大品质提升工程"，大力完善基础和配套设施，全面提升城市品质，打造宜居城市，推动城市全面发展。

晋江牢牢把握"为民建城"理念和"产城一体"思路，同步规划建设生活配套和公共服务设施，完善各大功能区生产、生活、生态配套

设施，优化布局医教文体、休闲养老等公共服务项目，配套建设公园绿地、地下管网等公共设施。

晋江在大规模城市改造中更加关注人的需求，始终坚持安置房建设、基础设施建设、公建项目建设"三个先行"，将 2/3 以上的项目空间用于公园绿地、基础设施、公共配套和安置房建设，商住开发用地仅占 1/3，为被征迁群众留下了大片公共休闲活动空间。如梅岭组团规划用地 7500 亩，用于商住开发用地面积仅占 29%，用于拆迁户就近安置面积占 13%，用于教育、医疗等民生设施和文化建设、民俗保护面积占 5%，用于公共空间和生态养护面积占 40%。

晋江坚持"房子是用来住的，不是用来炒的"，强化房地产市场监管，通过"限房价、竞地价"等手段把晋江的房价维持在合理的水平，与周边城市相比形成了一块房价"洼地"，有力地推动了外地人口扎根晋江，在晋江安居乐业。同时，不断完善住房保障体系，提高公租房配租率，加快安置房建设。

随着产业升级对高端人才的迫切需求，晋江也加快了一批国际社区、国际学校、国际医院、国际酒店等城市配套设施建设，一批高端商住、医教、文体设施建成投用，为留住人才提供了更好的生活居住环境。

公共服务资源在空间上均衡配置。晋江努力构筑均衡优质的公共服务体系，编制《中小学幼儿园布局专项规划》，促进城乡教育资源统筹分配、均衡发展。晋江市新增校舍建筑面积 85 万平方米、学位 3.55 万个，公办幼儿园达到每镇 2 所，公办高中全部实现省达标。

在基础设施方面，坚持"公交优先"，推动城乡公交一体化运营，推动"152030"快速交通圈（全市 15 分钟上高速、中心城区至各镇街 20 分钟可达、各镇街间 30 分钟连通）和"一山一水"城市慢道建设。2013 年以来已新增、拓展 261 公里公交线路里程，将快速公交系统延伸至各城镇。

四 坚持"全市一城、城乡统筹",推进城乡一体化进程

晋江按照统筹城乡发展的要求,推动实现城乡产业统一布局、城镇功能统一规划、基础设施统一建设、基本社保统一标准、公共服务统一供给。强化规划龙头作用,晋江成立市城乡规划委员会,除了城市总规及时修编完善,镇级总规和村庄规划也实现了全覆盖。

坚持城乡统筹,同城同步,加快基础设施和公共服务一体化建设步伐。晋江市将城乡交通网络建设、农村基础设施建设、农村环境和设施建设、城乡产业布局等全部纳入城乡统一建设规划;推动城乡基础设施一体化和公共服务均等化,加快推进城乡基础设施"6+1"系列工程,实现城乡在国民待遇上的一致,让城里人、农村人享有公平、优质的民生保障。

新型城镇化必须优化城镇规模结构。在中心城市的主战场之外,晋江市的小城镇建设和新农村建设同步推进。深化小城镇综合改革建设试点工作,建设镇级"小城市",着重增强重点镇、中心镇和经济发达镇的人口吸纳能力和发展活力,形成各具特色的城镇发展模式。不仅有陈埭经济重镇、安海文化古镇,金井、深沪还分别入选国家级、省级特色小镇。同时积极创新小城镇建设管理体制,大力推行强镇扩权工作,不断提高试点镇的社会公共服务水平。增强镇区作为区域中心的集聚和辐射功能,带动周边农村发展,改善农村生产和生活环境。

大力推进"美丽乡村"建设,强化村容村貌和卫生环境整治,打造一批示范村、特色村。全力推进乡村振兴战略,推进农业供给侧结构性改革,加快"一二三产业融合发展",积极拓展农业功能,推动休闲农业和乡村旅游深度融合;推动公共设施和服务向农村延伸,让农村和城市享有"一样的生活品质、不一样的生活感受"。

城镇化不是要消灭农村,而是要更好地发展农村。晋江每年投入8000万元,支持美丽乡村建设,壮大集体经济,促进农民增收,推动

基础设施、公共配套向农村全覆盖，涌现了集体推动型、产业带动型、生态旅游型等 8 种模式。持续推进精品村建设、中心村培育、空心村整治和历史文化村保护利用，着力培育 100 个各具特色的"最美乡村"。金井镇围头村获评"中国最美休闲乡村"。推进农村土地制度改革三项试点，土地承包经营权确权登记颁证、集体产权制度改革、林地占补平衡试点不断深入。探索建立城乡统一土地市场，实施"集体建设用地流转试点"，在符合规划和用途管制前提下，稳妥推动农村集体建设用地进入市场。

五　突出文化传承，发展有历史记忆和地域特色的城镇

晋江历史悠久，中原文化、海洋文化、闽南文化、华侨文化、宗教文化等多元文化在晋江相互交融、相映生辉，铸就了独特的地域文化和人文特质。晋江注重把城市更新改造与文化传承发展相结合，在城市建设中融入传统文化元素，守护城市的根、文化的魂。

在晋江的城市改造更新过程中，凡是有价值的历史建筑、文化遗迹，都坚决保留下来，留住乡愁记忆，留住根脉文脉。比如在晋江市区最黄金地段规划 252 亩，建设五店市传统街区，保留街区风貌，集聚文化业态，已经成为晋江首个 4A 级景区和城市"文化名片"。此外，晋江打造洪山文创园、企业文化沙龙等基地平台，使传统文化元素有机融入产业、城建等各领域，让传统文化元素无处不在、无时不有。

坚持尊重自然、传承历史，延续原有山水格局、特色风貌、人文习俗，全面开展古镇名村、传统村落、历史街区、古厝名木普查保护和整治修缮，避免大拆大建；做好闽南文化、宗教文化、海洋文化等活态传承，建设闽南文化生态保护核心区，留住城市的"根"和"魂"。

六　注重生态优先，实现城市绿色发展、低碳发展

晋江在保持经济平稳较快发展的同时，把"生态立市"理念融入

经济社会发展全局，系统推进生态文明建设，为新型城镇化注入"百姓富、生态美"有机统一的新内涵。

建设生态晋江成为自觉追求。加强生态环境保护。构建四套班子抓生态、市委常委专职抓生态的领导机制，组织编制《晋江市生态市建设规划》和《晋江市环境提升三年行动方案》，建立环保投入逐年增长机制。环境整治持续推进，深化工业污染防治和节能减排，通过清洁能源替代、技术改造提升等手段对建陶行业、印染行业、电镀集控区进行升级改造。623家石材加工企业集体退出，66家皮革加工厂整合成4家规模化皮革企业，建陶企业全部使用天然气。组建生态办，实施"河长制"，实施全流域治理，21条河流一河一长，建立污染源销号机制；建立环保、农业及公检法部门打击环境污染违法犯罪行为联席会议制度，组建生态法庭，实现对破坏生态各类案件快处快办。建立重大生态决策公告制度，扩大市民对环境保护的知情权、参与权和监督权。2016年，晋江年平均空气质量优良率达97.26%；33段河流中的22段消除了黑臭，4条达到Ⅴ类标准。

七 快速稳步推进，推动城市治理精细化、高效化

快速的城镇化、大范围的城市更新改造给晋江提出了诸多新问题、新挑战。然而，晋江通过推进城市规划、经营管理、改造建设等方面的体制机制创新，提高了城市综合治理水平，为新型城镇化建设提供了有力保障。

构建高效的城建运作机制。围绕建设项目的策划生成、跟踪落地、组织实施等环节，构建三级城建管理体系，在组团片区开发方面推行"八个同步"工作法（同步推进项目策划、规划设计、手续报批、征地拆迁、招商选资、安置建设、公共配套和传统文化保护），以最短时间完成项目策划、征迁和落地，快速盘活土地、回笼资金，把投入产出时间成本降到最低，有效加快城镇化建设进程。

构建有效的矛盾化解机制。确立"政府引导、市场运作、统筹平衡、滚动发展"的城镇化发展思路,把握"以城养城"与"公益为主"的平衡点,避免陷入"土地财政"和"与民争利"的误区,使城市更新改造得到了广大群众的拥护和支持。强化法治化治理,建立法律顾问和法律援助机制,全程介入征地拆迁、信访化解、污染处置、重大决策制定等工作,为正确处理新时期人民内部矛盾做了有益探索。正是这种有效的矛盾化解机制确保了晋江各改造片区基本仅用1至2个多月便完成拆迁,并实现"零强拆、零上访、零事故"的"和谐拆迁"。

构建完善的综合治理体系。推行便捷化服务,在19个镇街的近200个村(社区)建设布局合理、功能完善、管理有序的社区公共服务中心。实现网格化管理基本全覆盖,在全市388个村居(社区)搭建统一信息化管理平台,组建网格管理队伍,推行"一个中心、若干网格"运行机制,推动村(社区)服务管理从条块分治向整体联动转变。实施多元化治理,建立街道、社区、业主委员会、物业公司"四位一体"运行机制,推行政府购买服务方式,推进社区、社会组织和专业社会工作者"三社联动",激发社区发展活力。

第四节　晋江新型城镇化和城乡一体化的重要启示与示范借鉴

晋江是福建省改革开放的先进样板。从改革开放之初的"晋江模式"到21世纪之初习近平同志总结的"晋江经验",都在全国产生了广泛的影响。作为"晋江经验"的深化拓展,晋江新型城镇化的实践为加快我国中小城市改革发展和城乡一体化提供了宝贵经验,具有较强的示范意义和参考价值。

(一)启示一:推动新型城镇化,中小城市及小城镇有着广阔的发展前景

我国当前新型城镇化建设仍然面临着大、中、小城市发展不平衡的

突出问题。一些特大城市和大城市日益加重的"城市病"背后正是众多中小城市和小城镇的发育不良和资源不足。正如习近平总书记在晋江推进新型城镇化试点工作做出的重要批示那样，"我们的眼睛不要只盯在大城市，中国更宜多发展中小城市及城镇"①。晋江在新型城镇化建设中，充分发挥中小城市具有的低门槛、低成本、高效益，以及在市场经济条件下反应灵敏、调整迅速的优势，推动了城乡一体化发展。实践证明，在重视发挥大城市作用的同时，也要注重中小城市和城镇的发展，从而有利于更好地实现产业合理布局，吸纳农业转移人口，解决就业问题，推动公共服务均等化，实现城乡统筹发展，这是我国新型城镇化发展的重要途径之一。从晋江新型城镇化的经验来看，其前提条件包括：必须依托产业作为坚实基础，必须主动融入周边中心城市或城市群一体化发展趋势；必须注重市域内的多层级同步发展和发挥各自作用。

（二）启示二：推进新型城镇化，必须把人的城镇化及人的全面发展放在核心位置

新型城镇化的核心是人的城镇化，必须把以人为本作为基本原则。晋江在推进新型城镇化过程中，不仅关注本地人口，而且关注外来人口，不仅关注普通务工经商人员，也关注高端创新管理人才；不仅关注人的就业、住房、交通等物质层面需求，而且关注人的文化、教育等精神层面需求，始终把维护群众利益、满足群众诉求作为出发点和落脚点，调动广大群众参与城镇化的积极性。实践证明，新型城镇化只有把人作为核心因素，打破传统城乡二元管理模式，推动基本公共服务向常住人口全覆盖，满足人们在城镇化中日益增长的物质文化需求，才能实现人的有序流动、合理集聚和全面发展，更加和谐地推进城镇化进程。

"以人为本"的真正要义不是仅仅把"人"当作生产要素中的劳动力，当作实现工业化、城镇化和现代化的手段，而是要把"人"当作

---

① 中共福建省委、人民日报社联合调研组：《积极探索中小城市新型城镇化之路——福建省晋江市推进新型城镇化的经验与启示》，《人民日报》2014年12月22日，第13版。

人本身,把人的全面发展视为现代化的根本目标,把"人的城镇化"视为实现经济社会协调持续发展和促进公平正义的必由之路。正是因为有基于对此的深刻认识,本着"全城一体、城乡统筹"的理念,通过外来人口的市民化和开放户籍政策、本地农业转移人口的同城化、向常住人口提供免费义务教育、完善保障性住房政策和提供优质安置房、开展劳动力技能培训等一系列重要政策,推动基本公共服务均等化,晋江才有足够的底气提出"让本地人留恋,外地人向往,更多人可托付终身",才能让"为民建城"落到实处而非仅仅停留于口号,从而使晋江成为一座开放、包容和公平的城市。

(三)启示三:必须遵循城市发展的客观规律,正确处理好工业化、城镇化与现代化三者的辩证统一关系

城镇化与工业化是现代化的两大引擎。现代化是一个以工业化为基础、以城市化为动力的过程,是工业化、城市化的结果;工业化和城市化是现代化建设的必由之路;三者之间是一种互相依存、互相促进的辩证统一关系。工业化的大规模集中生产拉动了城市化向前发展,是城市化的"发动机";城市化所产生的集聚效应和规模效益能够反过来推动工业化的发展,是工业化发展的"推进器";工业化和城市化只有互相适应、协调发展,才能加快推进经济和社会的现代化建设。

晋江在推进新型城镇化的过程中,遵循"全市一体,产城融合"的发展思路,坚持"产业提升、城建提速"基本策略,全力加强城市建设的"短板",彻底打破城市化滞后于工业化的瓶颈,有效优化产业结构,提升城市品质,增强城市综合竞争力;发展路径由过去的"业-人-城"转变为现在的"人-城-业",形成了工业化与城市化协调互动、产业品牌与城市品牌交相辉映的良性格局。实践证明,晋江的新型城镇化是以坚守实体经济和做强产业集群作为坚实基础的城镇化,是以制造业升级优化和第三产业加速发展为重点导向的城镇化,也是以经济社会的现代化和人的全面发展为根本目标的城镇化。

（四）启示四：推进新型城镇化必须以城乡统筹为方向，构建城乡一体的均衡发展格局

县域是城乡一体发展的重要节点，是新型城镇化的关键载体。构建新型城乡关系必须坚持打破长期以来的城乡二元分隔体制、坚持城乡统筹，以城市发展反哺和带动乡村振兴，促进农村一、二、三产业的融合发展，逐步缩小农村与城市之间的差距。县域发展还要结合实施乡村振兴战略，注重科学规划，建立健全城乡融合发展的体制机制和政策体系。

晋江在加快推进工业化、城镇化进程中，高度重视统筹城乡和经济社会发展，提出"全市统筹、全市一城"的发展思路，把城市和农村、工业和农业、市民和农民作为一个整体，统筹考虑、统一谋划，在福建省率先实现城乡低保、新农合、城乡基本养老等"城乡一体化"，形成了城乡经济社会发展一体化新格局。这一经验表明，必须进一步加大统筹城乡发展力度，加快构建城乡融合发展体制机制，促进公共资源在城乡之间均衡配置，努力形成工业与农业相互促进、城市与农村共同繁荣的新局面，全面提升城乡一体化发展水平。

（五）启示五：推进新型城镇化，要因地制宜，选择符合自身条件特色化、差异化发展道路

因地制宜是城镇化发展的内在需要，也是尊重城镇化发展规律的必然要求。晋江城镇化之路是与其特定的历史条件、经济发展水平相适应的，是从其自身的资源禀赋、产业特点、地缘优势、人文特质、生态环境等客观条件出发，因势而谋、应势而动、顺势而为的结果。在厦漳泉城市群中，晋江找准自己的时空定位，成为重要的节点性城市。实践证明，推进新型城镇化决不能搞一刀切，而应更加注重科学规划，走特色化和专业化道路，宜工则工、宜农则农、宜游则游，保护传承传统文化，凸显城镇人文气质，避免"千城一面"，使新型城镇化更加贴近实际、富有个性。

（六）启示六：推动新型城镇化，必须以体制机制上的改革创新为根本保障

新型城镇化贵在突出"新"字、关键在写好"人"字，必须建立起与新型城镇化相适应的市民化成本分担机制、投融资体制机制、新型行政管理体制和社会治理体系等一系列体制和机制。实现"人的城镇化"，既取决于地方政府是否有真正走以人为本的新型城镇化道路的"主观意愿"，也取决于是否有足够财力为新增城镇居民提供多元社会保障、基础设施配套等均等化公共服务的"客观能力"。新型城镇化需要解决"钱从哪里来"的问题。必须建立市民化成本分担机制，明确政府、企业、社会、个人四方支出责任。必须创新城镇化投融资机制，努力形成多层次、多样化、市场化的可持续的城镇化投融资机制。要探索建立新型行政管理体制。探索强县扩权、强镇扩权与治理创新相结合的改革路径，争取按管理服务人口配置行政资源。赋予吸纳人口多、经济实力强的镇拥有与人口和经济规模相适应的管理权，探索建立管理创新和行政成本降低的新型城市管理模式。

| 第五章 |

农村现代化与新时代乡村振兴

作为"海上丝绸之路"的重要起点之一，晋江对外贸易很早就很兴盛，孕育了发达的商品经济；在商业性农业发展的同时，商品作物种植的社会化也推动农作物专业地区的出现，进而带动了家庭手工业的发展。前工业时代，晋江便已形成了"市镇繁华、贸易丛集"的景象。

新中国成立后至改革开放前的近 30 年间，晋江以发展农业为基础，在大兴农田水利基础建设、营造防风沙林带、实施保水改善工程，以及进行农业耕作制度改革的基础上，全面恢复、调整、巩固、发展国民经济，从而使晋江经济社会面貌发生了巨大变化、取得了长足进步，尤其是粮食生产获得较大增产，人民生活水平出现大幅提高。但是，由于这一时期外部经济环境和内部政治环境的严重影响，加上人口急剧增长与人均耕地不断减少，在长期单一经济模式的制约下，晋江依旧是一个封闭的农业"高产穷县"，难以完全摆脱低效生产的贫困状态。

中共十一届三中全会后，晋江拉开了改革开放的序幕。一方面，在"对外开放、对内搞活"方针下，作为"闽南金三角"经济开放区的主要县市，晋江的商品经济意识传统得到前所未有的激发，乡镇企业和外向型经济迅猛崛起，从昔日的贫困县一跃成为全国经济和社会发展最快的地区之一，持续高居全国县域经济实力百强县前列。另一方面，改革极大释放了农业生产和商品性农业经济发展的活力和动力，冲破了自给自足农业经济模式的历史羁绊,逐渐走出一条农村现代化发展之路。晋江农村农民共建、共享经济社会发展和现代文明的丰硕成果,城乡社会呈现一派全新景象。

过去 40 余年,晋江农村在地方经济社会发展中曾一度起到先导性作用。尽管现代产业的聚集效应要求更多地向城市和城镇集中,但是晋江农村依然有着深厚的工农产业和品牌基础。晋江目前已经把乡村纳入城乡一体化发展进行规划,但乡村和城市的建设与发展仍有较强的异质性,乡村成为晋江现代化发展的另一种多样性资源。以此为基础,晋江持续推进美丽乡村建设与乡村振兴,全面优化农村现代化发展。尤其需要指出的是,农村现代化并不是抛弃传统,而是不断寻求传统与现代的契合之处,以实现两者的有机结合,使农村现代化成为一种软实力,更好助力晋江县域现代化。

第一节 晋江农村现代化之路

改革开放 40 余年来,晋江一路历经乡村工业化、城乡一体化、新农村建设、新型城镇化与县域全面现代化等发展阶段,在推动农村现代化发展的努力中不断取得巨大成就,形成举国瞩目的"晋江模式"和"晋江经验"。

一 乡村工业化与农村"反哺"机制

同全国上下一致,晋江改革的第一步也在农村启动:家庭联产承包责任制的落实冲破了单一农业经济模式的束缚,大大激发了农村家庭生产的积极性和自主性。自此,晋江人"以社队和乡镇企业为龙头,以外向型经济为导向",大力发展农村商品经济,逐步走上农村工业化、城市化和现代化之路,同步带动整个地方国民经济高速全面发展,给晋江社会与晋江人的生活带来了翻天覆地的历史性巨变。

"1978 年底，陈埭（镇）率先出现利用侨乡闲散的资金、房屋、劳力，联户创办企业；1979 年，全县各乡镇纷纷效仿。"[1] 在此发展契机下，当时的晋江县委从县情出发，抓住市场脉搏大胆探索，于 1980 年顺势发布《关于加快发展多种经营和社队企业若干问题的规定》，出台"五个允许"政策（允许群众集资办企业、允许雇工、允许股金分红、允许随行就市、允许供销人员按供销额提取业务费），此后全县村办、乡办、联户办、个体办企业出现井喷，并迅速崛起。当年，晋江第一次出现工业产值反超农业的历史性剧变。1984 年，陈埭镇就已率先成为福建全省第一个亿元镇。凭借"三闲"起步，晋江的发展自此进入乡村工业化发展阶段，农村富余劳动力，乡镇、村社队企业与外向型经济共同构成这一阶段的主旋律。

一方面，爱拼敢赢的晋江人充分利用"三闲"优势，大力发展乡镇、村社队企业，并在乡村工业发展的基础上纵深推进工业园区和综合开发区建设，带动产业聚集效应，带来了晋江经济的第一次飞跃。到 1992 年底，晋江已有乡镇企业 2 万多个，总产值超过 50 亿元；创办市镇级工业小区 40 个、村级工业小区 20 个，全市乡镇企业总产值过亿元的镇有 14 个、村有 6 个；总产值超过千万元的村更是多达 101 个。[2] 与此同时，镇、村级各类工业小区和标准厂房建设还在大规模持续推进，标志着晋江乡村工业化带动的经济飞跃不断向着多行业、多层次、高标准和集群化方向发展，逐步形成区域化专业生产格局。在此基础上，与区域化专业生产相适应，晋江也推进国营商业体制改革，不断拓宽商品流通渠道，推进承包经营责任制，允许并组织农民入市搞活流通，并且有计划地培育、发展各类工农业专业市场或综合市场，把晋江的产品推介到全国城乡，一时间带来了晋江农业和工业商品经济的极大繁荣。

另一方面，乡村工业的快速发展也带动了对农村和农业的反哺。在

---

① 晋江市地方志编纂委员会编《晋江市志》，生活·读书·新知三联书店，1994。
② 晋江市地方志编纂委员会编《晋江市志》，生活·读书·新知三联书店，1994。

工业生产领域，各级各类企业十余年吸纳了将近60%的晋江本地农村劳动力，同时吸纳了近20万名外来劳工。他们也多是全国各地农村闲散劳动力。这些人逐渐成长为各个领域的专业技术人才。在商品经营和流通领域，数万名晋江农民跻身市场，或为供销人员，或加入行销网络，或成为管理人才。在农业生产领域，农村实行多种形式的家庭联产承包责任制后，农村经济结构也发生了巨大变化。同时，晋江经济的飞速发展保障了对农业的各级投入，村集体也通过按比例提留联户办、个体办企业（年收入2%~3%）的方式建立了镇、村级以工补农、以工建农的"反哺"机制，农业生产稳步发展。如农村出现了各类"二户一体"（专业户、重点户和新经济联合体），农技培训也不断培育了一批掌握先进生产技术的农业经营大户，还出现了大量的耕作、饲养和农产品加工的专业村，年收入过万元的专业户和超百万元的专业村不在少数。以这些农业专业户、专业村为基础，晋江逐渐建成粮食加工、禽畜养殖、果林、茶场、真菌、水产、副食加工、农业机械制造等各类农工企业，形成晋西北、晋东和晋东南三个综合农业区，不断发展开发性农业、创汇农业，走上"种、养、加"综合发展道路，持续推动了农业耕作与生产的集约化、专业化、机械化、商品化和科学化发展。

经过20世纪80年代的飞速发展，到90年代初，晋江全年社会总产值已超过70亿元，财政收入超过2亿元，高居福建全省之首。农民人均纯收入达到1713元，比改革开放前（1978年为107元）有显著提升。晋江人的消费观念也发生明显变化，消费水平明显提升，人均生活消费支出达到1125元，农家电视机和收录音机的普及率甚至一度超过北京、上海等全国15个大城市的平均普及率。① 改革开放后短短不到15年，在乡村工业化和农业产业化、专业化、集约化发展的强有力支撑下，晋江人民的生活水平从"温饱型"不断奔向"小康型"，晋江经济社会获得巨大发展，进入了新中国成立以来"经济增长最快、发展

---

① 晋江市地方志编纂委员会编《晋江市志》，生活·读书·新知三联书店，1994。

生机最旺、人民得到实惠最多"的时期。

二 城乡一体化和农村基础设施建设

尽管有 20 世纪 80 年代因社队、乡镇和三资企业的快速发展而带来的经济飞跃，但到 90 年代初，晋江全域依旧是传统乡村的面貌。可以说，晋江的城镇化是在一片大农村和乡村工业的基础上启动并推动的，这也基本符合全国大多数县份的城镇化发展基础和轨迹。不过，也正因其工业化发展的农村基因，晋江的城镇化从启动之初就没有忽视乡村，而是按照"规划与建设并举、城乡协同并进"来推动各项基础设施建设等。这一点在全国其他地方并不多见。

1978 年，晋江按照"县城、集镇、乡村同步发展"的思路，逐年推进城乡建设与各项社会和公共事业发展，逐步完成供水、排水、交通、供电、邮电等生产和生活基础设施的配套建设。但在这一阶段，由于经济发展是主旋律，城乡建设与社会发展总体缓慢、明显滞后于经济建设，城乡各项建设也主要集中于县城和行政镇、行政乡及行政村驻地的街道、公共建筑、住房和公共设施建设等方面，尚不能完全做到城乡之间均衡发力。到 20 世纪 80 年代末，晋江县城（青阳镇）的城区建成面积也仅有 4 平方公里；全县共修成公路 127 条，通车里程 706.5 公里；耗资 1900 万元建成自来水厂，解决近 20 万人的用水问题，却也仅占全县总人口的 20%；医院、学校、党政机关、文化娱乐、商店、市场建筑和银行、邮电等服务大楼也都非常有限；供水排水管线仅在城镇地区初步铺设；刚刚实现全县村村通电，生产、生活用电紧张局面初步得以缓解；县城刚开始有第一片公园绿地；初步配备环卫队伍和自动化设备负责镇区街道清扫、垃圾清运与公厕清粪。[①]

1992 年，晋江撤县设市，确定进行改革开放综合试验，福建省政府赋予晋江市改革开放综合试验 15 条政策措施，并赋予晋江县级市相

---

① 晋江市地方志编纂委员会编《晋江市志》，生活·读书·新知三联书店，1994。

当于地级市的经济管理权限；同年 8 月，晋江被福建省政府指定为发展农村股份合作制试验区，此后，晋江改革步伐不断深化。1994 年 12 月，"中国农村发展道路（晋江）研讨会"在晋江市举行，中国农村发展的"晋江模式"① 获得高度评价。1998 年 5 月，晋江市被福建省委、省政府授予"福建省农村脱贫致富奔小康先进市"称号。

与此同时，晋江提出"轻型外向、工贸结合、城乡一体、协调发展"的发展理念，突出优势的同时，开始更加注重城乡之间的均衡发展，在市区建设带动的基础上推进城乡建设与社会公共事业发展。今日观之，这一协调发展的理念可谓与新时代的发展观在某种程度上高度契合，在当时则实属创举。自此，在历经新中国成立初期主要围绕农业水利社会进行的基础建设阶段、改革开放前 15 年主要围绕工业综合开发区进行的基础建设阶段之后，晋江进入了围绕新兴城市建设开发而展开的城乡一体化基础设施建设大发展的阶段。

1995 年，晋江编制了第一轮《晋江市城市总体规划修编（1995 ~ 2020）》。这与 1980 年县城建制上的城乡总体规划相比有较大变化，对于指导晋江市的城乡建设发挥了很大的作用，也带动了农村经济发展与基层组织建设。不过，总体而言，相较辉煌的经济成就和惊人的经济增速，晋江此一阶段的城乡建设依旧局限于小城市的规划水平，且农村有规划发展的覆盖面和建设水平依旧呈现低速推进的状态。

三 新农村建设与村庄环境综治

2001 年，福建省政府批准晋江市按照中等城市规模进行规划建设，

---

① 所谓"晋江模式"，即是"以市场经济为主、外向型经济为主、股份合作制为主，多种经济成分共同发展"的经济发展道路。这是由中央财经领导小组、中央政策研究室、中央党校、国务院研究室、国务院发展研究中心、中国社会科学院、中国社会学会以及部分省市的领导和专家、学者对改革开放以来晋江人民的探索和实践所做的概括和总结，详见习近平《研究借鉴晋江经验 加快构建三条战略通道——关于晋江经济持续快速发展的调查与思考》，《福建日报》2002 年 10 月 4 日，求是版。

为晋江确立了更高的发展平台。2002 年初,晋江市通过了对城市总体规划进行新一轮修编的决定,以实现城市规划和建设水平由小城市向中等城市的历史性跨越。同年,时任福建省长的习近平同志在对晋江改革发展经验做出总结时指出,晋江市存在城市化滞后的问题,"城镇规划和管理工作落后,形不成优美、舒适的工作和生活环境"①,需加快城市和乡镇的现代化建设发展进程,同时提出城乡建设与经济发展需协调发展的要求。此后,晋江的城乡建设和公共事业发展进入了一个新时期。

在环卫保洁上,晋江自 2003 年起先后编制了几轮城市环境卫生专项规划,按照城乡一体推进统筹指导全市环卫设施建设。2003 年底在全省率先采用 BOT 方式建设生活垃圾焚烧发电综合处理厂,推进垃圾无害化处理;按照"全市一城"思路,采取"市级规划补助、镇级负责建设,全市统一管理"的方式构建垃圾收集运转体系,实行"村一级清扫收集、镇一级清倒中转、市一级转运处理"的一体化运作模式,各类设施设备实现了各级全覆盖,每年仅运行经费就超过 2000 万元;2011 年,更是将城乡环卫保洁纳入年度"为民办实事"项目,设施建设与设备更新改造计划也在逐年推进;2013 年,晋江开始对城乡环卫保洁与垃圾收集清运工作开展月度常态考评,城乡环境卫生管理水平不断提升,整体面貌不断改善。

在新农村建设上,晋江一些村庄早在 20 世纪 90 年代就已开始新村建设;也有一些被列入泉州市百个旧村改造新村建设示范村建设目录的村庄,在 2000 年前后正式启动新农村建设;还有一些后发村庄,在2006 年、2007 年才相继启动新农村建设,但总体都取得了明显发展成效。以金井镇围头村为例,围头村位于晋江东南沿海,是晋江最远的镇村,距离金门仅 5.2 海里,面积为 3 平方公里,有海岸线 6500 米,常

---

① 习近平:《研究借鉴晋江经验 加快构建三条战略通道——关于晋江经济持续快速发展的调查与思考》,《福建日报》2002 年 10 月 4 日,求是版。

住人口 4300 多人，外来人口 3500 多人。2007 年，以晋江市新农村建设为契机，围头村制定了振兴围头的"两个十年"目标，按照"一年台阶、五年一跨越、十年初步实现宜居宜业宜游，二十年打造海峡名村"的乡村发展目标和进程有序推进，2007 年是"环境整治年"，2008 年是"资源整合年"，2009 年是"旅游发展年"……如今已经进入"第二个十年"发展阶段的第二年，围头村已先后荣获"中国乡村旅游模范村""全国休闲农业与乡村旅游示范点""全国特色景观旅游名村""中国美丽休闲乡村""国家级最美渔村"等 16 项国家级荣誉，以及福建省第一个获"五星级休闲农业"称号的农村等 30 多项省级荣誉。尽管围头村是晋江发展起步较晚的一个村庄，但优势明显，发展速度快，且能保持健康平稳、全面推进。2006 年，围头村村财收入不足 10 万元，而经过十年新农村建设和发展，到 2017 年村财收入已达到 300 多万元，较十年前翻了数十倍；村庄人均年收入则达到 3.5 万元，其中 2/3 来自乡村旅游，村民主要从事渔业生产、水产养殖和乡村旅游、休闲农业。

在振兴村庄经济发展的同时，围头村也非常重视不断完善各项配套设施，优化村庄公共服务。2008 年，围头村就创建了福建全省首家村级敬老院，主要向有需要的村民提供送餐配餐、文体娱乐和生活照料等服务；2009 年建成晋江第一座低保户安置楼，安排了 16 户五保、低保户等住房有困难群众入住；发动村庄内部资源成立晋江市首家村级义工协会，鼓励义举，设置敬老助老、文体演艺、抢险救灾、支教助学等八个志愿小组提供义务互助服务；动员华侨筹资 2000 多万元重建围江小学；引入村庄公园，为村民提供休闲娱乐的活动空间和品质资源；大力发展集体经济，每年为村民缴纳基本医保费用；每年年初通过年度计划持续推进涉及村庄环境整治、项目建设和公共设施品质提升等多项惠民工程，搭建并不断完善教育、治安、养老等多方位的公共服务网络。围头村通过发展村庄公共设施建设和公共服务、村庄福利和公共品，使村庄秩序和社会团结也发生了极大改观，村民自发缔结了村规民约，从事公益事业的氛围也日渐浓厚。通过十余年新农村建设与两个十年振兴计划的带动,围头村发展环境已出现极大改观。而在晋江全域,这样的村庄并不在少数。

四 新型城镇化与农村现代化

尽管在此前几个发展阶段,晋江实现了农业产业兴旺、农村环境改善、农民稳定增收,但农村现代化水平总体不高。受制于晋江城镇化水平长期滞后于工业化水平的现实,晋江城乡建设与经济发展始终稍显脱节。针对此,晋江于2009年启动了新一轮城市总体规划修编。晋江在2010年《晋江市城市总体规划(2010~2030)修编》中,提出"全市一城、一主两辅、城乡一体"的市域空间结构,更加强调兼顾城镇与乡村,按照"全市一城""城乡一体"推进城乡统筹协调发展。

在"把649平方公里作为一个城市来建设"的理念下,晋江不断推进新型城镇化的探索,一体化的城乡和现代化的都市蓝图初现:在交通体系上,中心城区形成"田"字形快速路网体系,市域形成"三环七射"的快速通道网络。在基础设施上,形成"集中供水+多水源联合供水"的给水系统;按照"雨污分流、分区排放"原则形成集中处理为主、分散处理为辅的污水处理系统;依据供电分区通过改扩新建形成区域性统调电厂和独立超高压环网的供电系统;以垃圾处理为中心建立由(村、社区)垃圾收集点、(街、乡、镇)中小型垃圾转运站、(县、区、市)垃圾处理场构成的垃圾收集转运系统;等等。在公共服务设施上,市域范围根据"一主两辅"对中心城区、晋西和晋南辅城分别以大城市、中等城市的标准规划配置公共服务设施;中心城区则规划形成"区域级—城市级—片区级—社区级"四级城市公共中心体系。在生态保护上,规划形成"一纵三横"的"丰"字形生态廊道体系。

新型城镇化的探索直接带动了晋江农村的现代化发展,主要表现在城中村和棚户区改造、农村人口市民化、基础设施配套与公共服务延伸、宜居城乡和美丽乡村建设等几个方面。

第一，城中村、棚户区改造。2010 年以后，晋江先后策划实施九大组团、五大片区等 16 个片区的旧城和棚户区改造，改造面积超过 1300 万平方米，累计投入超过 1000 亿元，推动 15 万农民脱离杂乱的"城中村"。与此同时，晋江还出台石结构及危旧房屋改造实施方案，下放就地翻建的审批权限，开展石结构及危旧房屋五年改造规划编制工作，建立石结构房屋改造工作联席会议制度，整合优化改造审批流程，累计改造石结构房屋 2060 万平方米，保障了城乡居民的住房安全。

第二，农村人口市民化。2014 年，福建省政府批复《晋江市推动农业转移人口市民化促进城镇化健康发展试点方案》，明确提出"以人的城镇化为核心，全面提高城镇化质量"的目标。在"为民建城"理念下，晋江率先实现了城乡低保、新农合、城乡居民养老、救助、优抚等城乡一体化，实现了公办普通高中与中职免收学费，保障了农民与市民享受同等待遇，推进了就地城镇化、就近市民化。

第三，基础设施配套与公共服务延伸。随着城镇化率逐年提升，晋江城乡的基础设施配套和生态空间显著增加，各类公共服务和民生资源更是不断向农村延伸倾斜。晋江在全省率先整合市、镇两级在村级设立的各类工作机构，并不断推进规范化、标准化建设，打通服务社区群众的"最后一公里"，实现了全市 394 个村（社区）的公共服务设施"十个一"① 全覆盖，为农村社区治理夯实了基础；同时实施"民生微实事"党建项目，以"民生为优先"重点推进城乡居民关注度高、受益面广的小事、急事、难事，并以此为工作重点，对村（社区）安全、村道、照明、沟渠等设施建设持续投入；不断引入社会专业力量提供村庄公共服务和福利服务，回应社区居民现实需求，如"课后四点半课堂"切实解决了双职工子女看管问题等，不断增强社区融入感和社区生活幸福感。

---

① 即村级组织办公场所、社区公共服务中心、综合文体活动室、警务室、卫生所、居家养老服务站、活动小广场、幼托所、爱心慈善援助站和社区信息化管理服务中心。

第四，宜居城乡和美丽乡村建设。一是晋江启动"雪亮工程"建设。2010年起实施全市村（社区）视频监控系统建设三年规划，此后按照"全域覆盖、全网共享、全时可用、全程可控"的目标持续推进，累计投入2.3亿元，建起6万个高清视频探头，基本实现大街小巷全面覆盖、无缝对接。二是持续推进小城镇、小城市试点建设工作。2011年以来，按照省、泉州市相关工作部署，全力推进安海、金井、东石、磁灶四个小城镇、小城市试点建设，2011～2018年累积安排建设项目994个，完成投资620.6亿元，同时积极创新小城镇建设管理体制，大力推行强镇扩权工作，不断提升试点镇的社会公共服务水平，带动提高了村居公共服务的可及性和满意度。三是持续推进宜居环境建设。2014年起按照省、泉州市宜居办统一工作部署，制定并实施晋江市宜居环境建设行动计划，以城乡"点线面"攻坚为平台，注重"留白""留绿""留旧""留文""留魂"。截至2017年，累计策划生成宜居环境建设项目685个，完成投资约555亿元；2018年起，按照省、泉州市宜居办工作安排，进一步转向实施民生基础设施补短板建设行动，2018年共策划实施项目115个，完成投资90.13亿元。四是持续推进美丽乡村建设。从2012年开始，每年投入1亿元用于美丽乡村建设，开展农村集体产权制度改革试点，出台村集体经济发展扶持专项政策，实施先进村培育"领头雁"、薄弱村治理"奋蹄马"双翼行动，探索集体推动型、产业带动型、生态旅游型等8种新农村建设模式，打造各级"美丽乡村"，农村基础设施和整体环境面貌得以切实提升和改善，逐步实现城乡"一样的生活品质，不一样的生活体验"。五是持续保护传统村落和古民居。在延续城市历史文脉的同时，让城更像城、村更像村；让群众"望得见山、看得见水、记得住乡愁"。

从一片落后的大农村到现代化城乡，晋江飞速实现了从传统到现代、从计划到市场、从贫穷到小康等的多重转型和跨越式发展。这与我国所经历的经济、社会双重转型升级（从计划转向市场，从传统农业社会转向现代城镇社会）过程基本一致。但晋江创造的县域发展模式在探索中却有其独特之处，也产生了一批典型。作为全国新型城镇化试点，晋江以统筹城乡发展为核心，着力平衡城乡关系、工农关系，以及经济发展与社会民生建设关系，逐渐走出了一条"城乡一体、产城融合、以人为本、全面发展"的中小城市的新型城镇化之路，这一过程带动了农村的现代化发展，并向着县域全面现代化的目标不断迈进。

第二节　晋江农村现代化建设的典型经验与主要方面

事实上，在改革开放初期乃至此后很长一段时间内，中国大地上普遍还是一片大农村的景象，包括今天已经迈入国际大都市之列的一些超大城市，也曾走过那样一段发展时期。从乡村工业化到城市化、农村现代化，再到田园城市、品质城市的都市化之路，晋江可谓全国乡村工业化、农村现代化、县域社会现代化发展的一个典范缩影。在这一路的探索中，晋江农村现代化建设之所以能取得今日之发展成就，一个密码就蕴藏于其对工农关系、城乡关系、本外关系的处理中，一个典型经验即是晋江的新型城镇化，具体表现在经济建设、城乡建设、社会公共事业发展、城乡功能提升与领导力累积优势等几个方面。

晋江的城镇化面临一个全国各地都面临的普遍性难题，即城市化的基础问题。尽管晋江历史文化悠久、商业文化盛行，但直至晋江撤县设市之际，全市也仅有安海、陈埭、青阳等几个小集镇，城镇人口占比非常小，且城镇建设布局与农村总体上差异不大。在由数个小镇急剧扩张为小城市乃至中等城市的过程中，不论是空间的、设施的、服务的还是人口的城镇化，都存在诸多问题，如数百万本外地农业转移人口市民化问题、大规模旧城老区和城中村改造提升问题、农业综合改革、社会治理与行政管理体制改革等。这些都是晋江城镇化发展中所面临的一些痼疾和挑战，直接涉及如何认识和处理工农关系、城乡关系、本外关系等。而在新型城镇化发展的探索阶段,晋江坚持以人民为中心,紧紧抓住人民最关心最直接最现实的利益问题,基于工农产业同发展、城乡建设一体化、各类人口同待遇、资源要素同权利、城乡功能同提升等的协同发展理念,不断实施一批改革方案,增强了晋江人民的幸福感、获得感,具体表现在以下几个主要方面。

一 经济建设:以工促农、农工并重的专业化、集群化发展

改革开放之初,晋江在"外向型经济导向"基础上率先走上乡村工业化之路,同时大力发展农村商品经济,极大地改变了农村、农业、农民的单一经济模式。利用"三闲"优势,在"五个允许"利好政策刺激下,村办、乡办、联户办、个体办企业和村级工业小区出现井喷,农业专业户、专业村不断形成,晋江接连出现多个产值亿元镇、亿元村,产值超千万元的村更是不胜枚举。

在经济建设的快车道上,乡村工业在发展壮大的过程中不断向着高标准和集群化方向发展,逐步形成了区域化专业生产格局,吸纳了数十万晋江本地和外地的农村富余劳动力,他们逐渐成长为各个领域的专业技术人才。与此同时,随着农村改革的不断推进,农业生产也不断走向专业化,出现了各类"二户一体"和一大批掌握新技术的农业经营大户,还出现了大量的耕作、饲养和农产加工的专业村,万元专业户和百万元专业村不断涌现。围绕粮食加工、禽畜养殖、果林、茶场、真菌、水产、副食加工、农业机械制造等农工企业,借助综合农业区建设,晋江农业走上"种、养、加"综合开发之路,持续推动农业生产的集约化、专业化、机械化、商品化和科学化,带动农村经济结构出现巨变。晋江工农生产与市场发展的专业化成果集中体现在其"品牌之都"这一称号上。

以工促农、农工并重的乡村专业化发展,不仅带动晋江乡村农业、工业生产的大发展,也带动农工产品的全国流通,以及专业和综合市场

的充分发育，带动农村商品经济的大繁荣，使晋江人民在改革开放短短十余年时间就从"温饱"奔向"小康"，农民的人均纯收入显著增加，生活水平显著提升，继而带动消费观念发生明显转变，又继而刺激生产端的持续性转型发展和供给侧的持续性结构升级。

二　城乡建设与社会公共事业：一体化协同发展

改革开放之初，晋江即确立规划与建设并举，县城、集镇、乡村同步发展的思路；城镇化过程中晋江亦延续了这一思路，以全市一体的理念，推动城乡协同并进一体化发展。这在全国其他地方的城镇化进程中并不多见。

在撤县设市之前，尽管晋江的城乡建设与社会发展总体缓慢，明显滞后于经济发展，但是，县乡镇村各项生产生活基础设施建设与配套、社会公共事业都在逐年推进，首先实现了全县村村通电，向城乡地区初步配备环卫队伍和自动化设备。1992 年，晋江设市，以"城乡一体、协调发展"的理念，进入了城乡一体化基础设施建设大发展阶段。尤其是 2010 年晋江启动新一轮城市总体规划修编之后，更加按照"全市一城、一主两辅、城乡一体"的市域空间结构推进城乡统筹协调发展：通过交通路网、给水系统、污水处理系统、供电系统、垃圾收集转运系统、公共服务设施规划标准、生态保护建设，不断改善晋江城乡的基础设施配套；通过旧城的城中村、棚户区改造，石结构及危旧房屋改造，不断改善城乡居民居住环境与确保住房安全；通过率先实现城乡低保、新农合、城乡居民养老、救助、优抚等城乡一体化，实现公办普通高中与中职免收学费，推进了农村人口的市民化和以人（农民＋市民）为核心的城镇化；通过村级服务机构规范化、标准化建设，以及"民生微实事"党建项目，推进各类公共服务和民生资源不断向农村延伸倾斜，实现全市 394 个村（社区）的公共服务设施全覆盖，并不断引入社会专业力量提供村庄公共服务和福利服务，回应居民现实需求；通过

"雪亮工程"建设全市村（社区）视频监控系统，保障城乡居民人身与财产安全……

城镇化过程中，农村没有被边缘化、农民没有被遗忘，相反的，以城乡一体、协同发展来先期规划并坚实推进城乡建设和社会公共事业发展的每个阶段每一步，都是晋江城镇化过程中乡村社会实现同步繁荣、村容村貌和公共服务获得极大改善的最重要经验之一。

三　公共服务体系：本外地各类人口同待遇

晋江过去几十年的飞速发展及其所取得的巨大经济建设和城乡建设成就，离不开数百万本外地农村富余劳动力的长期贡献。晋江长期以来也在着力打造一个趋于公平、包容的公共服务体系，推出一系列惠民和便民举措；近年来更是紧扣"农业转移人口市民化"主题，做好"同待遇"的文章。

一方面，晋江通过"就地就近城镇化""生活生产全融入"多渠道解决本地农民市民化的问题，同时引导农民养成与城市接轨的生产、生活新方式；另一方面，通过建立市民化成本分担机制，落实居住证管理制度、全面放开落户限制、实行积分优待管理、实施人才生根计划等措施，让外来人口在晋江真正进得来、留得住、融得入。为更好推进本外地农业转移人口的市民化，晋江坚持"同城同待遇、保障全覆盖、待遇均等化"，每年把60%以上本级财力投入民生建设，构建起就业、教育、医疗、住房、安全、环境和社会保障等7个民生体系，解决待遇保障均等化的问题。

与协同发展的理念一脉相承，晋江在"人"的文章上也以最大的魄力和政策工具、社会支持体系推进建设一个更加开放、更能共享的包容性社会。是以，才能吸引到越来越多的外来资本、外来人口参与到晋江的经济建设与社会发展当中去，为晋江提供人口、人力、人才的基本保障与可持续发展。

四 乡村现代化：融合传统、品质优先、环境宜居

同样的，在晋江，农村也没有成为现代化的绝缘体或是被边缘化，相反的，晋江的乡村一方面在不断提升品质，另一方面更是很好地延续了历史文脉，实现了传统与现代的融合。

按照城乡功能同提升的发展思路，以"强功能、提品质、兴业态、聚人气"为要求，晋江统筹推进宜居环境建设和美丽乡村建设，让城更像城、村更像村。一方面，晋江制定全市宜居环境建设行动计划实施方案，以城乡"点线面"攻坚为平台，注重"留白""留绿""留旧""留文""留魂"：在"点"上，从美丽乡村建设、"三边三节点"、小城镇建设延伸到传统村落、历史文化名村、古民居改善提升，使文化保护与宜居环境建设相融合；在"线"上，打通道路交通网络的"全身经络"，完善地上交通网络和地下管线系统，推进地下综合管廊建设，串联绿道网、慢行系统，推进海绵城市建设；在"面"上，实施城市公园、田园风光等项目，促进城乡景观环境成片成面，进一步打造环境优美、生态良好、彰显特色的宜居环境。另一方面，晋江以美丽乡村建设为抓手，坚持规划引领，村庄规划实现村村覆盖；坚持固态保护、活态传承、业态提升，保护城市文化脉搏；改造城中村组团片区，极大盘活低效用地并推进市镇更新；突出城乡一体，全力推动基础设施、公共配套向农村全覆盖；借助教育、文体、卫生、市政、社会福利等"五个系列"的资源整合，基本建成城乡一体的市政配套、能源网络、教育文体设施、山水慢道等，构建了集海陆空铁于一体的城乡立体综合交通体系。从 2012 年开始，晋江每年投入 1 亿元用于美丽乡村建设，开展农村集体产权制度试点改革，出台村集体经济发展扶持专项政策，实施先进村培育"领头雁"、薄弱村治理"奋蹄马"双翼行动，探索集体推动型、产业带动型、生态旅游型等 8 种新农村建设模式，2014～2018年共打造各级美丽乡村 60 个，磁灶镇大埔村等 7 个村庄创建省级美丽

乡村示范村，深沪镇运伙村入选住建部、财政部、农业部、环保部、农办等五部委评选的 2017 年全国改善农村人居环境示范村及国家住建部评选的第四批美丽宜居村庄，大埔村入选全国"美丽乡村"创建试点乡村，福全村、塘东村、南浔村和梧林村入选"中国传统村落"……农村人居环境的持续改善、多样资源的激活整合，正在不断提升晋江乡村的生活体验和生活品质。

在推进"城乡一体、产城融合、以人为本、全面发展"的中小城市新型城镇化之路上，晋江向着全面现代化的目标不断迈进；而在新一届领导班子"国际化创新型品质城市"发展思路背后，更有一个品质优先同时又融合了传统的现代化晋江宜居乡村，作为大后方提供源源不断的支撑。

五 领导力累积优势：代代相承的持续改革、开拓创新、爱拼敢赢精神

晋江改革的第一步是在农村启动的：家庭联产承包责任制的落实极大改变了农业经济模式和农村家庭生产力，给晋江社会与晋江人的生活带来了根本性变化。到 1992 年，晋江市确定进行改革开放综合试验，并成为发展农村股份合作制的试验区，晋江改革不断深化。至 1994 年，晋江已经探索并形成中国农村发展的"晋江模式"；1998 年获"福建省农村脱贫致富奔小康先进市"称号……这些都是晋江人一代一代持续探索、不断深化改革所取得的丰硕成果。

进入新型城镇化阶段，晋江创新性提出"资源要素同权利"，大胆探索建立集约化、节约化的土地利用管理模式。一是开展农村土地制度三项试点改革，特别是以宅基地为主线推进，探索出"借地退出、指标置换、资产置换、货币补偿"等 4 种宅基地退出方式，宅基地既可以在一定范围内流转交易，也可以置换安置房、写字楼等。改革启动以来共腾退宅基地面积 7022 亩，为乡村发展提供了较为充足的用地空间。

探索形成组团片区改造、旧村整体改造、生态景观提升、空中村盘活、产业带动和借地退出等6种宅基地综合利用模式。二是开展林地占补平衡试点改革，将原本分散、破碎的林地聚集连片，既造了林、提升了生态景观和森林覆盖率，又解决了经济社会发展中林地定额指标不足的问题。改革启动以来，补充林地面积超万亩，林地获批近7000亩，有力保障了项目建设的用林需求。三是积极探索建立可持续、多元化的投融资机制，以农村"两权"抵押融资，通过盘活产权资源，释放改革红利，率先在全省办理宅基地使用权抵押登记，2017年以来，全市共办理宅基地和农房抵押4439宗，金额高达26.45亿元。

此外，晋江还创新探索建立精细化、高效化的新型治理模式：一方面，推进行政管理体制改革，积极探索强镇扩权路径，先后培育1个全国经济发达镇行政管理体制改革试点镇、3个全国重点镇、9个省级小城镇机构改革试点镇、2个镇级"小城市"，走出了一条小城镇改革试点的晋江"强镇之路"；另一方面，推进社会治理创新，推动城乡社会治理精细化、智慧化，以"网格化管理、社会化服务"为方向，率先实行市、镇、村三级网格化管理，试点推进基层服务社会化工作，全市网格化管理试点村覆盖率达98.5%。

可以看到，晋江每一次发展跃升与重大成就都离不开爱拼敢赢的晋江人、各类人才和各级领导，在一代代的薪火相传中持续践行并不断深化改革的开拓进取和创新精神。

第三节　新时代晋江乡村振兴

农业是国民经济的基础，农村经济是现代化经济体系的重要组成部分，农业农村农民问题是关系国计民生的根本性问题，是党和政府工作的重中之重。就现阶段国情而言，人民日益增长的美好生活需要和不平衡不充分的发展之间的矛盾，在广大乡村表现得最为突出。

从工业化时期到城镇化时期，再到信息化时代，晋江农村在走向现代化的道路上不断前行，但在这一过程中也逐渐显现一些关键问题和发展短板。改革再出发，晋江农村要在哪些方面着力改善？新时代乡村振兴，晋江农村又面临怎样的契机？

在乡村振兴战略与城乡融合发展背景下，农村农业的发展进入了前所未有的机遇期。对照"产业兴旺、生态宜居、乡风文明、治理有效、生活富裕"和全面建成小康社会的总体目标，在融入更大的区域经济社会中寻求协调发展的史地空间背景下，在处理城镇化与传统保护的关系中，晋江需从产业、人才、生态、组织、文化等方面持续优化，推动乡村的全面振兴和晋江农业农村的全面现代化。

一 产业：三产融合、分类推进、不断壮大集体经济

晋江在农业产业促进和经济壮大上不断探索，近年来通过实施扶持集体经济"三年行动计划"，不断打出用地、规划、融资、审批等"1＋10"政策"组合拳"，业已探索出公司运营、产权置换、服务配套、资源盘活、村企合作等5种集体经济发展的有效模式。截至2018年，全市395个村（社区）平均村财达到83.58万元，比2012年增长了138.5%，已全面消除经营性收入在5万元以下的经济薄弱村。[①]

产业兴旺是乡村振兴的基础和重点。在产业上，晋江需持续推进农村产业融合发展，探索农村产业融合发展的新路径，全面推进"消薄"攻坚战，提高集体经济强村所占比重。一是通过深化农业供给侧结构性改革，发展优势特色产业、优化产业发展布局、建设现代农业产业园和示范基地、培育新型农业经营主体等，加快农业产业结构调整和转型升级，构建现代化农业产业体系、生产体系和经营体系；二是通过打造专业化、多元化、社会化的农业服务主体和网络，构建现代化新型农业服

---

① 中共福建晋江市委组织部：《以党的建设引领县域发展的生动实践》，《组工研讨》2019年5月10日，第6页。

务体系，不断完善农业从生产到销售、从仓储到流通、从技术到信息、从保险到定价等的全链条、全覆盖式的社会化服务，建立农业支持保护制度，有效对接小农户和现代农业发展；三是通过加强农产品的质量安监和规范认证，促进农业从高产向高品、高效转型，深入推进绿色农业、优质农业、特色农业发展；四是继续实施农村一二三产业深度融合发展试点项目，不断延长农业产业链，培育农业新业态，不断提升农产品的附加值、带动乡村工业升级换代，创新性挖掘农业富含的文化资源，构建农村产业发展的新格局。

具体而言，晋江需要进一步摸清家底，对全域村、社区的发展基础和各类资源进行全面梳理、深度整合、合理优化利用，根据不同村庄的发展现状、区位条件、资源禀赋等，依照不同发展思路和重点，分类推进乡村发展：针对核心城区或镇区的中心村居，应深入推进农村城镇化，通过不断优化集体土地的开发利用和基础配套设施与公共服务，开发建设或购置（回购）集体物业、增加物业收入，成立村级物业管理公司，发展楼宇经济等现代服务业，着力提升能级、提振人气、提高收入。针对城边或城郊的村（社区），应综合考虑农村工业化、城镇化和村庄自身发展需要，加快城乡一二三产业融合发展，在产业上保留农业底色，在形态上保留乡村风貌。同时，提升基础设施建设水平与公共服务供给能力，以能承接城市功能外溢、满足城乡消费需求。针对传统古村落、历史文化名村、特色景观旅游名村等自然、历史、地理、文化特色资源丰富的村庄，需从空间布局、物理形态等方面着意整体性保护，在特色资源传承保护和开发利用良性互促的基础上，积极发展乡村旅游和文创特色产业。

二 人才：定向培育、积极引进、持续助力村庄发展

无论是产业发展还是村庄发展，都离不开人才的支撑。晋江在各类人才引介方面始终保持高度热情，在过去几年也已形成了一些适应农

村、具有特色的人才计划，包括新型职业农民认定、人才反哺农村计划、村（社区）干部选聘分离改革、外脑计划、基于农村社区发展的培训课程和一线计划等。

2016 年 7 月，晋江发布《晋江市新型职业农民认定管理暂行规定》，后落实出台《晋江市新型职业农民培训实施方案》（2016、2017），遴选生产经营型、专业技能型及专业服务型三类职业农民为培育对象，并以省第五批整村推进扶贫开发重点村、市级扶贫开发重点帮扶村的村干为重点培训对象，加强培育并积极扶持，2016 ~ 2017 年共培训新型职业农民 943 人，为农村产业提振和农业现代化注入力量。

晋江还以村级换届为契机，实施村级"领头雁"示范工程，每年按 15% 左右的比例培育一批政治素质好、带富能力强、工作实绩优、群众评价高的优秀村级党组织书记；实施村级"奋蹄马"治理转化工程，每年按 7% 左右的比例，滚动倒排部分薄弱村（社区），持续整顿治理、转化提升。2017 年 4 月，晋江启动实施"人才反哺农村（社区）"计划，打破村级党组织队伍培养的一般框架，在全国首创农村（社区）治理人才认定机制，首批认定 4 类 55 人，为社区治理注入了新鲜血液。

同时，晋江也积极签署《晋江市人民政府与福建农林大学战略合作框架协议（2017 ~ 2020 年）》；与福建农林大学、台湾朝阳科技大学在新农村建设、人才培养、乡村治理等方面开展合作，由校地协同制定培训方案、协同建设课程体系、协同实施培训过程，完成了晋江市 394 个村（社区）新任村（社区）委会成员的轮训工作；围绕美丽乡村建设、农村集体产权制度改革、新型乡村治理等内容开展现场教学培训。将专家调研与项目指导直接推进到一线，在推进全市最美乡村创建活动中，建立挂钩联系点 32 个，选派 6 支专家团队定点联系。在这些人才计划的带动下，2017 年晋江各创建村项目推进速度明显加快，累计完成投资 2.1 亿元，完成建设项目 302 个，直接助力农村发展。

在人才方面，晋江需围绕农村产业发展需求和村庄分类发展需求，以人才领航计划带动高品、高效农业发展，为乡村振兴和现代化农村农业服务体系提供各类人才保障。晋江应坚持以自主培养和人才引进相结合的方式不断聚集人力资本，打造一支专业化人才队伍。通过加强城乡、校地之间人才培养合作与交流机制，完善职业分级、认证和管理的人才培育和弹性学制等职业教育政策支持体系，在地化培育一批爱农业、懂技术、善经营的新型职业农民、技术骨干和经营专才队伍。通过鼓励农科类科研院所与地方合作，持续优化农村创新创业环境，建立健全创业支持政策和服务体系，以激发大学毕业生、专业技术人才、返乡农民工等在农村创业的动力，不断吸纳引进人才。面向未来高品、高效农业的生产要求，以及信息化时代电商、平台经济和"互联网＋"带动下的多渠道经销，晋江农村还需要更多的不仅具备农业生产知识和专业技能，而且具备农业经营管理知识和营销手段的复合型农业人才，以更好地服务于品质和效率优先的农业生产，进而带动农村发展和农民增收。

以安海镇曾埭村为例。曾埭村往昔是一个以农业为主的后进村。2012 年换届选举后，新一届班子厘清思路，借助美丽乡村建设等项目资金，从道路、沟渠、路灯、环境卫生、房屋立面、道旁树、污水处理管网、农贸市场等方面下大力气，逐步改善，到 2016 年就成为晋江市"领头雁"工程示范村、晋江市最美乡村创建村、泉州市美丽乡村示范村创建村、福建省"千村整治、百村示范"示范村创建村，也基本确立了曾埭村未来向着旅游休闲农业发展的定位。2016 年底，曾埭村开始与台湾朝阳科技大学、福建农林大学的专家团队合作，邀请他们进驻村庄进行指导，引入台湾地区社区营造理念，明显改善了人与人之间的信任关系，缩短了人与人之间的交往距离，重塑了村庄的社会关系网络，为村庄日后发展焕发新生、激发活力奠定了重要基础。未来，曾埭村还计划结合老屋文化和人文积淀，发展高效精致观光农业，这就需要继续引入更多的生产、经营和管理、服务类人才。人才始终是村庄发展的最重要支撑。

三 生态：绿色发展、系统治理、促进人与自然和谐共生

作为生态涵养的主体区，乡村最大的发展优势也存于生态方面。晋江农村经济的腾飞以乡村工业化为起点，但长期发展中不可避免地造成了环境污染和生态破坏，尤其是在以经济建设为中心、生态环境保护意识薄弱的发展前期。进入新时期，晋江开始自觉追求生态建设，通过编制规划和三年行动方案等持续推进环境整治，并开始对以乡村工业为基础的工业全链开启"净化"工程，借助技改提升转型、清洁能源替代等手段对建陶、印染、电镀等行业进行升级，对皮革、石材加工等行业进行整合或使之集体退出。

在生态方面，晋江需牢固树立绿色发展理念，进一步加强生态环境保护，统筹推进生态治理，完善生态补偿机制，全面、高品改善农村人居环境。在绿色和可持续发展理念下，晋江未来需以生态环境友好和资源永续利用为导向，加快探索建立健全生态治理机制和生态补偿机制，转变并持续推进农业绿色生产方式，全面实施农村人居环境整治行动，全面推进美丽乡村建设，以及土壤、水域、海洋综合协同治理，着力建设生产生活生态一体、人与自然和谐共生的现代化美丽新乡村。与此同时，在有形的生态之外还有无形的生态。晋江还需在政策和体制环境、营商和服务环境、社会和文化环境等方面做足做优生态，为农村农业的全面现代化营造良好大环境。

四 组织：三治融合、夯实自治、推动基层减负增效

在组织方面，需进一步强化基层党组织和村民自治组织建设。在党建为民系统工程下，激发村民的主体性和能动性，挖掘老人会、乡贤会等优势乡土资源，通过党群议事、协商民主建设提高农民的公共事务参与度和组织化程度；鼓励各种社会力量参与乡村振兴，不断完善乡村治理体系，改善乡村经营管理方式；持续优化村级服务事项的规范清理，

全面梳理村务事项，切实落实村级组织业务、政务、服务"三张工作清单"，积极推动村级组织减负增效，有效解决村（社区）承接政务多、盖章多、台账多而人手少、资源少，且权责严重不匹配、属地化管理压力大等突出问题。

另外，加大农村法律宣传和普法教育，引导农民学法、用法、守法，增强农民法治意识和素养，强化法律在维护农民权益、规范市场运行、化解社会矛盾、实现农民终身教育等方面的作用。同时，加强乡村德治建设，让乡规民约切实落地、深入民心，形成道德激励和约束机制。持续推进移风易俗，融入社会主义核心价值观，推动乡风文明，实现乡村自治、法治、德治的良性互动，"自治激发活力、法治强化保障、德治弘扬正气"，有力促进"三治融合"的乡村社会治理新格局的形成。

五 文化：立足传统、面向现代、丰富乡村文化内涵

乡村承载了中华文明中最为悠长的农耕文化、乡土文化和风物人情。晋江的乡村同时涵纳了农耕文化、闽南文化、海丝文化、海洋文化和红色文化，资源丰厚、史地文化悠长。晋江市委、市政府历来高度重视文化建设，牢固树立"大文化"理念，大力发展城乡文化事业和文化产业，设立 5000 万元专项资金着力推动文化大发展大繁荣。以"固态保护、活态传承、业态提升"为发展思路，晋江已经很好地保护、传承并发展了一批农村优秀戏曲曲艺、少数民族文化、民间文化等非物质文化，以及历史文化名镇、名村和文物古迹、传统村落等。

进入新时代，在文化方面，晋江需进一步保护好农村优秀传统文化和农耕文化遗产，弘扬并传承非物质文化；规划乡村建设的历史文化保护线，保护并修缮传统村落、历史文化名村、古民居，从空间形态上研究物质文化遗产的整体性、保护性开发利用，有机融合文化保护与宜居环境建设。同时，推进农村公共文化建设，整合各类文化资源、提高文

化场所利用率，丰富"大美晋江"文化惠民工程，繁荣活跃农村文化市场、丰富乡村文化业态和内涵，更好满足群众文化需求。此外，还需持续推进移风易俗、弘扬家风家训，通过培育文明乡风、良好家风、淳朴民风，不断改善农民精神文化生活、提升乡村社会精神风貌。

党的十九大报告指出，"中国特色社会主义进入新时代，我国社会主要矛盾已经转化为人民日益增长的美好生活需要和不平衡不充分的发展之间的矛盾"。这一矛盾最为清晰地表现在城乡之间、区域之间，以及工农之间、行业之间。在乡村振兴战略和城乡融合发展时代大背景下，晋江应更加积极地统筹城乡发展规划、推进城乡服务均等、加强城乡互联互通、实现城乡功能互补、缩小城乡各项差距，构建以工促农、以城带乡、工农互惠、城乡一体的新型工农城乡关系，在新时代城乡融合发展中寻得乡村更新、社会再造与可持续发展的新动力。

自唐开元六年（718 年）建县开始，至 1992 年撤县设市，晋江共走过 1275 年的县制历史，并"以一县而成就三市"。对照全国的发展，可以说，"晋江经验"和道路不只提供了一个县域现代化的标准发展样板与指标体系，也具有时代价值和发展路径理论和应用价值，其探索为中国实现农村现代化和县域社会发展现代化提供了宝贵的经验，也为新时代推进乡村振兴和城乡融合发展提供了一种可能方向。

| 第六章 |

县域社会建设与社会和谐

实现社会和谐、建设美好社会始终是人类社会追求的理想，也是我国转型期社会建设的重要价值目标。和谐社会是多元社会主体之间，在认同和共识的基础上，形成相对稳定持久的行动协同。[①] 和谐社会是一种社会全体人民能够各尽所能、各得其所而又和谐相处的局面。社会建设是为和谐社会服务的，和谐社会要通过一系列的建设才能实现。[②] 改革开放40余年来，晋江在经济社会改革发展过程中，实现了从以经济建设为中心到经济建设与社会建设齐抓共管的转型，促进了经济与社会的协调发展。可以说晋江走出了一条建设和谐社会的经验之路，其关键在于通过社会建设，满足了不同群体的需求，平衡了不同群体的利益，实现了城乡关系、本地外地关系、阶层关系和内外关系等重要关系的和谐，使不同的社会群体能够和谐相处，各尽其能，各得其所。

第一节　社会转型与社会建设

改革开放以来，中国经历了巨大的社会转型。这一转型过程包括从传统的农业社会向现代工业社会转型、从计划经济体制向市场经济体制

①　郑杭生、李路路：《社会结构与社会和谐》，《中国人民大学学报》2005年第2期。
②　陆学艺：《社会建设就是建设社会现代化》，《社会学研究》2011年第4期。

转型，当前一些发达地区还处在向后工业社会转型的时期。转型的总体目标是朝着现代化社会与和谐社会的方向发展。晋江作为全国百强县之一，无疑也经历着这些转型，经历着由转型所引起的社会变迁的各种影响。这些社会变迁对社会建设而言既是机遇也是挑战。

一　从农业社会向工业社会转型所带来的挑战

改革开放以来，晋江经历了从一个传统的农业县转变为一个以制造业为主的工业市的变迁过程。工业化、城镇化和大规模的人口流动成为社会变迁的重要动力机制，也带来了巨大的风险和挑战。我们可以从就业结构、人口结构、城镇化和生态环境这四个重要维度来考察这一社会变迁过程及其所带来的挑战。

（一）就业结构从农业转向非农业

社会现代化包括了从传统的农业生产到非农化和专职化的职业结构的变化。职业结构的变化带来了人们的价值观念、行为方式、社会关系和生活方式的变化。

从晋江劳动人口的产业分布来看，改革开放初期，大多数劳动力分布在第一产业。到21世纪初，第一产业的从业人员不足10%，第二、第三产业从业人员占比显著上升，尤其是第二产业占比过半（见表6-1）。从职业结构来看，农林牧渔劳动者占比显著降低，生产工人、运输工人及相关人员显著增加，还有商业服务业人员也显著增加。职业结构的变化与就业产业分布变化相一致（见表6-2）。

可见，随着工业化的发展，农村人口大量从农业转向工业、商业服务业，逐渐由第一产业向第二产业和第三产业转移。随着工业化的发展，就业对于大多数此前从事农业的居民而言具有专职化、准时性、分工、不稳定性和雇佣性特点。职业结构的变化提高了社会生产力，但是也增加了新的社会风险，例如失业、工伤等。同时，职业的分化也是社会阶层分化的重要原因，由此还导致贫富差距的扩大。另外，职业的

表 6-1 晋江就业结构的变化

单位：%

年份	第一产业	第二产业	第三产业
1982	67.94	20.39	11.67
2004	8.70	68.30	23.00
2010	2.63	70.34	27.03

资料来源：1982 年数据参阅晋江市地方志编纂委员会编《晋江市志》，生活·读书·新知三联书店，1994；2004 年数据参阅陆学艺主编《晋江模式新发展——中国县域现代化道路探索》，社会科学文献出版社，2007，第 156 页；2010 年数据由晋江市统计局提供。

表 6-2 晋江职业结构变化

单位：%

职业类型	1982 年	1990 年	2000 年	2010 年
各类专业技术人员	3.57	3.33	4.01	4.64
国家机关、党群组织、企事业单位负责人	0.82	2.40	2.53	3.41
办事人员和有关人员	1.08	2.29	1.66	4.61
商业服务业人员	5.07	9.65	17.47	20.88
农林牧渔劳动者	68.35	50.97	10.37	2.60
生产工人、运输工人及有关人员	21.04	31.35	63.96	63.09
其他劳动者	0.03			0.77

专职化也使传统的农民家庭功能发生了变化，家庭成员之间相互扶持照料的功能弱化。

（二）人口结构变得更加多元异质

社会现代化也是一个从熟人社会到陌生人社会的变迁过程。一方面，居住方式的改变使得社区邻里交往陌生化；另一方面，大量外来人口的进入使得社会成员更加多元异质。

改革开放 40 余年来，晋江的经济社会等各个方面发生了翻天覆地的变化，其劳动密集型产业发展较快，外来务工人员迅速增加（见表 6-3）。大量外来人口的进入带来了劳动力的同时，也对公共服务提出了更多的诉求，还带来治安和环境等方面的问题。此外，劳动关系发生了很大的变化，劳资纠纷层出不穷。在这样的大背景下，如何帮助人们建立新的社会联系、增强社会信任、增强抵抗风险的能力、维护弱势群体的权益、推动不同人群的互动和融合成为社会建设必须面对的问题。

表 6-3　晋江户籍人口与流动人口对比

单位：人

	2010 年	2011 年	2012 年	2013 年	2014 年	2015 年	2016 年	2017 年
户籍人口	1065770	1069677	1074374	1090215	1108142	1118178	1135446	1151126
流动人口	964277	1190939	1283869	1239714	997290	1089180	1170302	1137887

资料来源：流动人口数为公安部门提供，实际数可能大于该数，因为有的流动人口没有登记；户籍人口数参见中国社会科学院"'晋江经验'新发展新启示"课题组《泉州践行"晋江经验"的新发展新启示》，社会科学文献出版社，2018。

同时，随着生活方式的改变以及人们生育观念的变化，本地人口老龄化问题也逐渐显现。

2005 年，晋江户籍人口老龄化率为 10.32%，到 2017 年已经增长到 14.55%（见表 6-4）。随着老龄化的加剧，对于老年人的照顾看护的服务需求必然随之增长。

表 6-4　晋江市户籍人口老龄化情况

单位：人，%

	2005 年	2010 年	2015 年	2017 年
户籍人口	1032910	1065770	1118178	1151126
60 岁以上户籍人口	106612	122853	157722	167476
60 岁以上户籍人口占比	10.32	11.53	14.11	14.55

资料来源：60 岁以上户籍人口数据由晋江市公安局提供。

（三）快速城镇化引致"人"的城镇化与"物"的城镇化失衡

城镇化和工业化是现代化的两个基本维度，工业化着重于产业结构转型升级，城镇化则更看重人们居住方式、组织方式和生活方式的变迁。城镇化的迅速推进，可能带来"物"的城镇化与"人"的城镇化的失衡[1]，

---

[1]　罗能勤、杨建科：《城镇化进程中社会建设与政府权力界定》，《西安交通大学学报》2013 年第 6 期。

而人的城镇化是城镇化的核心和关键。城镇化不仅仅是人的物理空间的转移，更是人要适应城市的生活方式、社会交往方式，全体居民在住房、就业、教育、医疗等基本公共服务方面逐步享有无差别的待遇。因此，彻底的城镇化不仅仅是经济层面的城镇化，更应该体现在社会建设层面。如果生活在城市，却没有市民待遇，没有市民的生活方式和对城市的归属感，那只是表面的城镇化或者说半城镇化。据晋江市统计局资料，晋江市 2000 年的城镇化率为 32.48%，2018 年提升至 67.0%，年均递增 1.92%。在快速的城镇化过程中，如何通过社会建设实现人的城镇化是社会转型过程中社会建设的又一重要任务。

（四）快速的工业化形成巨大的生态环境压力

工业化在推动经济发展、给人类生活带来便利的同时也给自然环境带来了沉重的负担，表现在对自然资源的过度开采、水资源的污染和浪费、空气污染等方面造成的环境压力。这种对生态环境的破坏，不仅给人们的健康和安全带来了隐患，影响了人们的生活质量，而且影响了经济发展的可持续性。这些压力迫使人们认识到，这种不可持续的发展方式隐藏着巨大的社会风险。[①] 改革开放以来，晋江在经济迅速发展的同时也面临严重的水生态和水环境问题。在晋江的经济发展中，制造业占据核心的地位，低碳产业和高附加值的第三产业所占比重还比较低，高消耗和重污染的行业在产业结构中仍然占据一定的比重。近年来，环境虽然得到一定的改善，但是污染仍然是一个沉重的课题。

二 从计划体制向市场体制转型带来的权力结构的变迁

改革开放以来，在从计划体制向市场体制转型的过程中，经济领域的市场化也带来了社会领域的变迁。社会领域的变迁主要表现在社会秩序的重建和社会权力结构的重组。改革开放以前，在计划经济体制下，

---

① 岳经纶、颜学勇：《走向新社会政策：社会变迁、新社会风险与社会政策转型》，《社会科学研究》2014 年第 2 期。

形成了以单位制和人民公社制为基本制度形态的政社一体的国家全能主义的治理模式。改革开放以后，国家改变了对基层社会的管理方式，从政社合一体制到政社分离体制。[①] 随之，社会组织结构、社会联系方式和国家与社会的关系也发生了变化。首先，社会组织结构的变化主要表现在，单位社会的利益组织化架构进入公共社会的利益组织化架构，乡村社会旧的人民公社制度转型为村民自治组织。社会联系方式正在发生从"身份到契约"关系的变化。社会领域出现了新的组织形式，有了实质性的自主空间，社会组织的发展有了体制外的空间。这些变化最终影响到基层社会治理结构体系的变化。与过去的全能主义治理不同，有学者把改革后的治理体制称为"反应性理政"，其特点是"执政模式不固定，根据社会变迁做出反应，在稳固执政权的考量下，不断适应社会的需要调整自身，改变自己和其他社会成分的关系"[②]。从国家与社会的关系角度来看，晋江社会治理结构的变迁过程也体现了这样的特征。

改革开放初期（1978～1991年），在社会建设方面政府承担有限责任，而民间以自发公益为主。十一届三中全会之后，晋江原有的一元化社会管理体制解体，国家解除对社会的管制，代之以市场化和社会化的动员机制。政府承担着有限的社会事业的功能，社会组织只是以传统的社会组织为主。特别是在民间和政府的双重推动下，以家族为核心的地方传统活动在晋江迅速恢复和活跃起来，地方性传统社会组织被重新建立起来。[③]

经济加速发展期（1992～2007年），政府加大社会建设力度，传统社会组织与现代社会组织并立。随着经济的快速发展，晋江的经济与社会发展不平衡日益突出，贫富差距日益拉大。如何保持"晋江模式"的优势和特点，成为晋江市委市政府必须考虑的问题。在此期间，政府提

---

① 周庆智：《政社互嵌结构与基层社会治理变革》，《南京大学学报》2018年第3期。
② 周庆智：《政社互嵌结构与基层社会治理变革》，《南京大学学报》2018年第3期。
③ 贺东航：《地方社群传统与政府主动性》，《华中师范大学学报》（人文社会科学版）2005年第5期。

出了"经营城市"的新理念。一方面，政府加大对社会事业的投入，完善社会事业体系；另一方面，改革社会事业体制，确立政府主导下的市场化、社会化发展机制，构建多元发展主体的结构和社会公平机制。社会组织出现了传统和现代社会组织并存的局面。[①] 特别是同业公会得到了迅速发展，其主要组织者和参与者是民营企业主阶层。此外，学术性、专业性社团组织和民办教育类组织比较发达，但是民政、文化类社会组织较少，说明晋江社会服务事业大有潜力可挖。

产业转型升级期（2008～2017年），政府放权让利，社会组织加速发展。这一时期社会经济环境变得更加复杂，政府发现很多事情完全依靠政府无法解决，不得不把一些政府办不好、无效率的事情，交给社会组织去办。这一时期社会组织呈现类型多样化、功能分化的特点。传统的具有政府背景的社会组织继续发挥重要作用。新兴社会组织不断涌现：一是一些专业的社会工作类社会组织的出现，二是一些民间自发的社会组织的涌现。

社会体制的变迁为社会治理结构的变迁提供了前提和条件。而社会自治是基层治理的现代形态。市场化改革带来了有利于社会发育的元素，基层社会有了自治的空间、自治的能力和自治的社会基础和条件。社会形成独立的、自治的结构性领域需要社会组织参与形成多元秩序，由社会组织提供规则，通过自主选择、自主组织和集体行动来治理公共事务。[②] 社会组织的培育与发展仍然是社会建设的重要任务。

三 工业社会向后工业社会转型带来新社会风险

在向后工业社会转变的过程中，经济社会发生变化给人们带来的风险主要包括平衡工作和家庭生活的新风险和劳动力市场变化的风险。从

---

① 参见陆学艺主编《晋江模式新发展——中国县域现代化道路探索》，社会科学文献出版社，2007，第247页。
② 周庆智：《政社互嵌结构与基层社会治理变革》，《南京大学学报》2018年第3期。

公民的角度来看，新风险和旧风险的主要区别在于：新风险涉及的人更多；与旧风险不同，新风险一般影响到年轻人；新风险关系到劳动力市场，也关系到家庭生活。新风险理论把政策制定者的注意力引向劳动力市场的变化和围绕妇女更多地参加有薪酬的工作问题。[1] 在向后工业社会过渡的过程中，特别是由人工智能引发的产业革命将在更大范围对更多的人的就业产生影响。虽然每一轮的产业革命在消灭旧的工作的同时也产生新的工作，但是对于夹杂在新旧交替过程中特别是受教育程度较低的人来说，他们可选择的余地非常小。社会建设必须要重视和回应这些新风险问题，帮助那些人力资本、社会资本相对较少的人适应社会的变迁。

对晋江而言，在经济全球化的大背景下，竞争日益激烈，环境压力日益凸现，产业转型升级势在必行。晋江已经提出要加快推进传统产业转型提质，围绕"五个创新"，深化实施"机器换工""智能制造2025"等行动，加快培育新兴产业发展壮大。这样企业用工结构将明显变化，技术技能型人才需求将剧增。但是，很多低技能的工人很可能失业。同时，很多工人尤其是女性面临着工作与家庭尤其是工作与照料子女之间的平衡问题。

社会转型带来了新旧社会风险的交织，凸显了社会建设的必要性和紧迫性，也给社会建设提出了巨大的挑战。

第二节 改革开放以来晋江社会建设的主要成就

社会转型引起的社会变迁所带来的各种社会问题迫切需要通过社会建设来加以应对和解决。党的十八大报告明确提出，"加强社会建设，是社会和谐稳定的重要保证"，加强社会建设必须以保障和改善民生为

---

[1] 参见泰勒-顾柏编著《新风险，新福利》，马继森译，中国劳动与社会保障出版社，2010。

重点，在"学有所教、劳有所得、病有所医、住有所居"上取得新进展；必须加快社会管理体制改革，加快形成党委领导、政府负责、社会协同、公众参与、法治保障的社会管理体制。改革开放40余年来，晋江市在党的大政方针的指引下，在探索中前进，在民生事业和社会管理创新方面走在福建省乃至全国前列，取得了显著的成效。

一 民生事业快速发展

（一）实施积极就业政策，构建和谐劳动关系

就业是民生之本。改革开放40余年来，晋江以发展劳动密集型产业为主，在为本地劳动力创造就业机会的同时也吸引了大量的外来劳动力。近十年来，晋江城镇登记失业率维持在0.3%左右，实现了低位运行。在促进就业方面，政府开展了大量的工作。

首先，大力发展职业教育，加强职业学校品牌建设，提高劳动者的就业能力。晋江市共有中职学校4所，均为省级以上改革发展示范校，其中晋江职校和华侨职校还是国家级重点职校。晋江还有2所高等职业学院，即泉州理工职业学院和泉州轻工职业学院。前者为福建省职业教育先进单位，后者为晋江五大知名民营企业创办，发展势头强劲。在加强学校品牌建设的同时，晋江大力提升职业教育专业设置与产业发展的契合度，开设专业涵盖晋江市五大传统产业和五大新兴产业。为了适应新业态和新产业的发展，晋江市政府出台了《关于加快发展智能制造十二条措施的通知》，鼓励晋江中高职院校增设开办数控技术应用、工业智能装备应用等专业，鼓励采取校企合作办学模式，试行现代学徒制。晋江市政府按照每学期每名学生5000元的标准给予办学经费补贴。学校与企业之间开展广泛而深入的合作。职校与175家企业开展合作办学，建成221个实训基地、工学教室，2个研发室，引进5家实体企业入校，开办10个冠名班和学历班。目前，职校的在校生增加到1.31万人。近三年，职校毕业生就业率达到98%，毕业生的"双证书"取证

率达到91%，为社会输送了2.55万名产业工人。

其次，加强对在岗职工和农业转移劳动力的培训。晋江市积极组织企业职工和富余劳动力开展岗前培训和技能提升培训。一方面，政府鼓励引导企业、中职学校、高职院校、民办培训机构等开展农民工职业技能培训。一是发挥企业培训的主体作用。引导企业落实职工教育培训的社会责任，与院校开展校企合作，建立培训基地，组织职工开展职业技能培训。在企业普遍实行先培训后上岗制度，同时加强职工的在岗和转岗培训。另外，通过设立技能大师工作室等措施，为名师带徒培养技能人才搭建平台。二是多部门合作推动富余劳动力参加培训就业。人社、民政、教育、卫计、妇联等部门联合镇（街道）开展职业技能培训，为富余劳动力提供技能培训和就业的一站式服务。三是以技能竞赛推动企业员工参加技能练兵。通过常年开展职业技能竞赛进一步提高企业一线员工的技能水平。另一方面，激励农民工主动参加技能培训。健全职业培训补贴制度。如参加职业技能培训经社会化考试取得国家职业资格等级证书的可以享受500~2000元的培训补贴；鼓励农民工参加技能鉴定，获得技师和高级技师职业资格证书的，还可参评晋江市五类和四类人才，获评后可享受每月500元/2000元津贴等政策。

此外，重视维护外来务工人员的合法权益，构建和谐的劳动关系。首先，完善劳动保障的组织机构建设，下放劳动人事仲裁权给基层，及时处理劳资纠纷，降低维权成本。其次，在建筑领域开展"无欠薪项目部"建设。财政投入1000万元率先在全省建立企业欠薪保障调剂金，筹集1.6亿元建筑领域员工保证金；推进劳动合同全覆盖。2017年全市签订劳动合同近70万人，同时，全市劳资纠纷下降10.1%，10人以上群体性事件下降33.0%，群体性劳动仲裁案件下降23.3%。①

（二）基本实现教育服务均等化和教育资源普惠化

目前，晋江有普通中学54所、中职学校4所、小学286所、幼儿

---

① 参阅晋江市人社局《改革开放40年调研素材》，2018。

园 431 所。义务教育实现了城乡均衡发展。2013 年通过了全省首批"全国义务教育发展基本均衡县"国家认定。① 同时，坚持"两为主"的方针，保障外来务工人员子女平等的就学权利。晋江在 2006 年就做出"不让一位务工人员子女失去接受义务教育机会"的公开承诺，公办学校向外来务工人员子女零门槛开放，赋予外来务工人员子女同等的就学和升学权利。2018 年，中小学在校生（包括幼儿园）36.75 万人，包括来晋务工人员子女 21.08 万人，占 57.36%。其中，义务教育阶段来晋务工人员子女 14.86 万人，91.42% 的来晋务工人员子女在公办学校就读。

此外，从 2012 年起，晋江市公办普通高中和职业高中在校生全部免学费。这一普惠性教育政策使得包括外来务工人员子女在内的广大学生受益颇多。

（三）增加保障性住房供给，扩大保障对象范围

保障性住房是实现"住有所居"的重要途径，特别是对于满足弱势群体的住房需求起着重要作用。晋江逐步建立起了公租房、廉租房、经济适用房、限价房相结合，覆盖全体居民（本地居民和外来人口）的保障性住房供应体系，做到了应保尽保、应配尽配，确保政策托底，有效改善了住房困难家庭的居住条件。2007～2018 年共开工建设保障性安居工程 40 个，总套数 49098 套，其中公共租赁住房工程 18 个，总套数 9646 套，包括 3 个专门针对外来务工人员的廉租房项目。目前晋江市 18 个公共租赁住房项目已配租 8291 套，配租率 85.95%，其中政府投资项目 12 个，共 5919 套，已配租 5407 套，配租率 91.3%。

为了扩大保障性住房供给的公平性，晋江市将农村人口和外来人口的住房需求纳入保障性住房的规划中。降低各类保障对象的准入门槛，扩大公共租赁住房的覆盖面，降低外来人口租住公租房的准入资格。②

---

① 参阅晋江市教育局《晋江市教育工作汇报》，2017。
② 参阅晋江市住房和城乡建设局《晋江市保障性安居工程情况》，2018。

目前，晋江市已经向外来务工人员提供保障性住房 4680 套，占全市配租配售总数的 56.4%。① 同时，实施流动人口积分购房的优惠政策。此外，还有人才住房保障工程。人才可以享受免租入住人才公寓和购房补贴政策。

（四）率先实现户籍人口养老保障全覆盖，大力推进养老服务社区化

2006 年，晋江在全福建省率先建立被征地农民养老保障制度，目前的保障标准是每月 300 元。2009 年晋江成为全国首批新型农村养老保险试点，率先将保障范围扩大到了城镇居民，建立了覆盖城乡的养老保障制度。之后修订出台《晋江市城乡居民基本养老保险规定》，规定无论是本地常住人口，还是福建省内外来务工人员都可以参加城乡居民基本养老保险。保障范围扩大到了省内流动人口。2018 年，全市城乡居民基本养老保险参保 64.46 万人。而在企业职工基本养老保险方面，全市约 9.68 万名本地居民参保，占总参保人数的 28%。

大多数在晋江的外来人口主要通过参加职工基本养老保险获得养老保障。2018 年 5 月，全市参加企业职工基本养老保险的职工有 34.79 万人，其中外来人口参保人数是 21.91 万人，占 63%。② 2014 年 8 月，在全省率先出台《关于新晋江人参加城镇企业职工基本养老保险及退休社会化管理的意见》，规定灵活就业的外来务工人员可以以灵活就业人员的身份参加企业职工基本养老保险。至 2018 年，共有 3216 名外来人口以灵活就业人员身份参加或者续接企业职工基本养老保险，且呈现逐年增加的趋势。③ 2018 年底，共有 677 名非本地户籍的企业退休人员被纳入晋江市企业退休人员社会化管理和服务体系，享受与本地企业退休人员同等的社会化服务。

---

① 参阅流动人口综合服务中心《晋江市推动流动人口市民化的经验做法》，2018。
② 参阅晋江市社会劳动保险管理中心《晋江市外来职工参加企业职工基本养老保险和工伤保险情况》，2018。
③ 参阅晋江市社会劳动保险管理中心《晋江市外来人口参加企业职工基本养老保险和工伤保险情况》，2018。

在养老服务方面，完善养老服务体系，推进养老服务社区化。2018年底，晋江 60 岁以上老年人占全市户籍总人口的 14.8%。为了解决养老服务需求的问题，晋江市不断加大财政投入，兴建养老设施，推行政府购买社会服务，培育敬老爱老文化，努力实现"老有所养、老有所医、老有所为、老有所乐"的目标。特别是从 2014 年以来，晋江每年都新建、改建一批综合性村级敬老院。着力构建集老年活动中心、居家养老服务站和敬老院"三位一体"的社区养老模式，形成了一批特色鲜明的社区养老服务机构。如东石镇萧下村敬老院就是其中的代表之一。

老年人的"幸福巢"，萧下村敬老院

萧下村 60 岁以上老人有 950 多人，户籍人口老龄化率达到15.1%。2011 年萧下村将空置礼堂改造为敬老院，一期共有 34 个床位。2015 年又将旧的金山小学教学楼改造为敬老院，二期共有床位 55 个。萧下村敬老院自 2011 年 10 月创办以来，由小到大，不断完善，入住人数由创办时的 11 人，发展到 2018 年的 62 人。入住敬老院的条件是：凡是 70 岁以上的老人，生活能够自理都可以入住，低保户老人、"五保户"老人优先入住。采取入住自愿、离住自由的原则。入住老人每人每月交 350 元伙食费。院部补贴每人每月 100 元伙食费，创办 7 年多时间，全村共入住老人 100 多人次。

敬老院里的设备样样齐全，宿舍有浴室、空调、32 寸彩电。在东石镇政府的支持下，敬老院开设了卫生服务室，有医生给老年人看病。敬老院给入住的老人都购买了保险。东石镇卫生院的医生也经常来给老人免费体检，敬老服务队的志愿者也常来给老人清理卫生、表演节目、理发、按摩。将旧礼堂、旧校舍改造为敬老院，使老年人养老能够离家不离村，敬老院成为老人们享受晚年的乐园。敬老院的服务得到了老人、家属和社会的好评以及上级有关部

门的肯定。

敬老院不但给老人们提供了优质的服务，解除了家属的后顾之忧，还营造了社会敬老、爱老和助老的氛围。村民谁家有喜事，都不忘给村敬老院的老人送物、送钱，为老人添菜。华侨回乡探亲，也会特意来看望敬老院的老人。社会贤达逢年过节也到敬老院慰问老人。敬老院的创办和完善，还改变了人们认为将老人送进敬老院是不孝行为的旧观念。

（五）扩大新农合参保范围，开通异地结报窗口

2012 年，晋江市将流动人口纳入新型农村合作医疗的参保范围。尽管政策放宽了参保条件，但是实际参保的外来人口并不多。以青阳镇为例，2018 年新型农村合作医疗总参保人数为 38255 人，其中流动人口仅 182 人（青阳镇流动人口）。这既与现有的制度设计有关系，外来务工人员大多在家乡参加了新农合，根据不能重复参保的原则，很多外来务工人员没有再在本地参保，也与流动人口对政策知晓率低有关系。鉴于此，多数外来人口在家乡参加新农合，2015 年 7 月以来晋江新农合，先在福建省开通跨地双向结报服务，设立"异地结报窗口"，为五个县的新晋江人提供结报服务。同时，设立 13 个晋江户籍异地结报服务点，为在外经商、务工的晋江籍参合人员提供便捷的结报服务。此外，设立惠民医院（晋江市医院晋南分院、西滨镇卫生院），为没有参加医疗保险的病人减免医疗费用，仅 2017 年度就有 186 人享受住院费用减免，累计减免费用 7.45 万元。

（六）发展大众参与的现代慈善事业

慈善事业在晋江有着悠久的历史，晋江人乐善好施，爱心慈善已经深入人心。2002 年 12 月 18 日，晋江慈善总会成立，政府将这天定为"晋江市慈善日"。截至 2018 年，在社会各界支持下，慈善总会募集资金 30.22 亿元。已经累计投入 16.2 亿元用于开展解困、助学、助残、

安居、协助被征地低保人员参加养老保险、协助低保人员参加新型合作医疗等慈善活动和公益项目。先后为 27431 名（包括 1600 多名外来务工者）困难群众解决看病、生活困难等问题。

（七）实施生态立市战略，城市变得更加宜居宜业

随着经济的快速发展，晋江的生态环境也日益恶化。晋江市政府痛定思痛，自 2006 年以来大力实施"生态立市"战略，以打造"天蓝、地绿、水清、岸美"的生态绿城为主线，深入开展生态文明创建工作。晋江市政府摒弃单纯片面追求经济增长的理念，倡导和践行平衡、发展、循环的生态发展理念。完善干部考核考评制度，把生态环保、节能减排和生态文明建设等工作纳入干部考核范围，引导干部正确处理经济发展与环境保护的关系。同时，加大生态环保人才培养和科技创新力度，形成有利于生态建设的长效机制。2016 年 9 月，晋江获得"国家生态市"的命名，目前已经建成 12 个国家级生态镇、241 个泉州市级以上生态村。未来，晋江还将围绕打造一个"河畅、水清、岸绿、景美"的水生态文明城市，将生态文明的理念融入水资源的开发和利用、保护的各个环节。无论是老晋江人还是新晋江人都明显地感受到，这几年晋江生态环境改善了，水更清了，天更蓝了，空气更洁净了，街道更整洁了，整个城市变得越来越宜业宜居。

二 社会管理体制改革协调推进

前文主要概述了晋江民生事业的成就，着重于制度的改革和创新。但是，仅有制度的创新，仅仅赋予公民权利，并不意味着每个公民就可以获得这些权利及相应服务。而社会组织可以在公共服务输送、信息提供、搭建居民交流互动平台、动员居民参与社区管理方面发挥重要作用。晋江在培育和发展社会组织方面取得了显著成效。同时，在一个多元的社会中，不同主体的利益诉求也不同。因此，畅通利益表达渠道、实现不同群体利益的均衡，也是社会和谐的重要内容。人民代表大会制

度是反映民情、民意，实现利益表达的重要渠道之一。晋江人大在改革和发展方面有一些有益探索。

（一）各类社会组织数量显著增加、组织体系更加完善

晋江全市登记的社会组织有1214家，其中社会团体877家、民办非企业单位320家、非公募基金会17家。备案的社区社会组织1255家，社区社会组织较2010年增加了6倍。社会组织在动员民间公益慈善资源，凝聚城乡居民有效参与社区治理、提供社区公共服务、开展扶贫济困活动等方面发挥了重要的作用。除了晋江慈善总会之外，各种类型的社会组织不断涌现。

例如，晋江市亿家社工事务所是一家提供专业社会工作服务，承接政府购买服务项目的社会组织。该事务所与社区开展了广泛的合作与互动。以梅岭街道的梅庭社区为例，梅庭社区将不涉及行政主体资格的行政服务外包给亿家社工事务所，由其承接运营。特别是该事务所在梅庭社区对社会组织推动"新型城市社区流动人口社会融合"进行了探索。通过"第三方"力量的介入和"社会化服务"，增强了流动人口对社区的认同和归属，增加了本地人与新市民的融合。

除了政府引领下成立的社会组织，民间自发成立的社会组织也不断涌现，在搭建社会参与的平台、开展文体活动和慈善活动方面发挥自身的作用。传统的社区社会组织以老年协会为主，而东石镇萧下村青年中心[1]是一个由村里青年人自发成立的社团组织，中心以"团结、互助、励志、务实、发展、服务、敬老"为宗旨，在萧下村广泛开展敬老、助学、扶贫及青少年成长、成才培训工作。同时组织成员之间开展联欢互动、交流学习、读书、体育锻炼等活动。比起一般社区常见的老年人组织，该组织是青年人的社团组织，它更具有号召力和资源动员能力，在发现、满足社区群众需求方面更有行动力，为社区社会组织注入了活力。

---

[1] 截至调研时，该中心正在申请登记注册。

此外，由统战部门主管的具有统战功能的社团组织也不断发展壮大。这些组织在团结海内外晋江人及整合新社会阶层方面发挥了重要作用。晋江还有异地商会 10 个，它们在团结和服务国内异地晋江人方面发挥着重要作用。

通过政策扶持、培育发展，晋江已经初步形成发展有序、门类齐全、层次丰富、覆盖广泛、作用明显的新社会组织体系。全市社会组织在推进产业转型升级、发展社会公益事业、促进社会和谐稳定等方面发挥了积极作用，成为经济新常态下促进经济社会发展、创新社会治理的重要力量。

（二）发展社工社会组织、培养社工人才，推动政社互动和三社联动

近年来，晋江市大力培育和发展公益慈善类、城乡社区服务类和与民生福祉密切相关的社会组织，尤其是民办社工组织。先后出台《进一步加快推进民办社会工作服务机构发展的实施意见》《晋江市支持引导社会力量参与基层民政服务的若干意见》等文件，从登记注册到资金扶持等方面对社会组织进行多方位的鼓励和支持。目前，晋江共有民办社会工作机构 20 家，这些社工机构为社会工作人才发挥作用提供了重要的组织平台。

社工组织和社工人才是一体两翼。晋江市在培育发展社工组织的同时，也对社会工作人才的培养倍加重视。2009 年 9 月，晋江市被民政部列为全国第二批社会工作人才队伍建设综合试点地区，2016 年 7 月被福建省民政厅确定为省级社区治理和服务创新实验区，社会工作专业人才在晋江市社会治理中的作用日益显现。晋江以深化全国社会工作人才队伍建设试点为契机，通过政府购买社会工作服务，推动社会工作专业岗位开发，吸纳社会工作专业人才，初步建立了较为完善的社会工作专业人才队伍建设的运行机制，并形成了良好的工作格局，促进了专业社会工作的深入发展，满足了人民群众日益增长的社会服务需求。目前，全市持有社会工作职业资格证书者达 1046 人，专职从业人员 317

人，福建省省级优秀社会工作者 3 人，泉州市级优秀社会工作者 7 人。社会工作服务已经覆盖全市 19 个街镇 200 多个城乡社区。2012 年以来，全市累计购买社会工作服务金额 6900 多万元，社会工作呈现良好发展势头。社会工作者和社会工作机构在助老、扶幼、推动流动人口社会融合方面发挥了积极作用。

比如，携进社工事务所的关爱老年人公益项目。

携进社工事务所承担的竹园社区关爱老年人公益项目，是 2016 年度晋江市福彩公益金支持社会组织参与社会服务项目之一。项目的目标是引入社会工作专业理念，在通过调查掌握竹园社区老年人群体情况及需求的基础上，尝试搭建一个"安全＋医疗＋生活＋学习"的多方位居家养老服务平台。实践中，通过上门医疗、健康讲座、夕阳课堂、物质帮扶、心理疏导、情感支持等小组和社区服务活动，让老年人获得更多的陪伴、更多的关爱与帮助，帮助他们提升个人能力、拓宽交际圈、提高生活质量。

又比如致和社工事务所创办的"四点钟学校"项目。

随着邻里关系的社区化和家庭结构的小型化，小学阶段的儿童从放学到家长下班这段时间的照管成为一个社会难题。2013 年在晋江市妇联的推动下，采取政府购买服务的方式，向晋江致和社工事务所购买社会工作服务，开展儿童之家"四点钟学校"项目。项目以全市选出的 15 个基础条件较为成熟、外来人口较为聚集的村（社区）、学校、企业作为试点，服务的内容包括：每个试点单位配备一名专职社工，在每天下午六点前为儿童提供课业辅导、心理咨询、兴趣培养、团队建设等服务；项目开展"学习乐园"和"童心大本营"以及"寒暑期冬夏令营"等活动。经过两年多的实践，致和社工事务所摸索出一套具有现代儿童社会工作特点的制度和方法。这不仅成为解决学龄儿童下午四点放学后家人无法看管问题的重要途径，也是促进学龄儿童健康发展的理想平台，还有效帮助双职工家长解决了工作与孩子照料的平衡问题。[①]

（三）完善人大制度，畅通群众诉求渠道

社会组织在动员民间公益资源，增加群众互动、互助，动员群众参与社区治理方面作用明显。而人大作为法定的权力机构，在联系群众与政府之间发挥桥梁和纽带作用：一方面，通过人大代表联系群众，把社情民意传达给政府；另一方面，发挥监督作用，督促政府改进和落实民生政策。晋江人大在发挥桥梁纽带作用方面，主要做了如下工作。首先，夯实代表履职阵地。在市一级设立人大代表联系服务中心，在全市19个镇（街）设立"人大代表之家"，从2017年开始在46个村（片区、选区）设立人大代表联系群众活动室，打通代表联系群众的"最后一公里"。其次，深化双联系活动，增强代表的桥梁纽带作用。晋江人大常委会成员与固定联系的代表保持经常性联系，325名晋江市人大代表直接联系3250名群众。最后，开展代表述职活动，推动代表切实履职。确保市镇两级代表在届内百分百述职。[②] 近年来，晋江市人大在义务教育、社区养老、殡葬服务改革、市政公交、失地农民养老保险等民生领域，积极反映民意、督促政府落实政策，提高了公共服务的可及性，增强了群众的幸福感。

三 以社会建设促进和谐社会关系的构建

通过一系列的社会建设工作，晋江实现了社会关系各要素之间的相互依存、相互协调、相互促进的和谐状态。

---

① 参阅陈莲凤编著《儿童社会工作的本土化实践：晋江"四点钟学校"经验与反思》，厦门大学出版社，2015。
② 晋江市人大：《创新发展"晋江经验"，推动地方人大工作与时俱进》，2018。

（一）城乡关系的和谐

晋江始终坚持统筹城乡发展的原则，将政府公共服务、教育资源配置、基础设施建设、社会保障体制纳入城乡统一建设规划，促进城乡公共服务均等化，实现了城乡居民待遇一致，有力地促进了城乡关系的和谐。特别是在征地拆迁的过程中，晋江做到了拆迁中和谐拆迁、拆迁后有效治理。一方面，采取过渡租金补助、失地农民养老保险、老人生活补贴、慈善福利扶助等系列措施保障拆迁户利益，推动"就地就近城镇化"；另一方面，大力发展都市型业态，增加就业岗位，同时提供免费就业培训、提高失地农民的城市"谋生"技能，推动"生活生产全融入"①。

以池店镇的桥南社区为例，片区内共有 4 个安置小区及 11 个商业楼盘，片区居住总人口约 5 万人，其中涉及本地回迁居民万余人。这些居民的生计保障、权利维护和生活方式的适应，都需要通过社会建设来解决。按照"凡征必保"的原则，所有符合条件的失地农民都参加了失地农民养老保险，解决了老年基本生活保障的问题。同时，加强对居民转岗就业培训和指导，邀请有关培训机构对失地农民进行职业技能培训，提升就业技能，引导失地农民转变就业观念，适应城市职业生活。此外，在被征地过程中也产生了大量的集体资产处置问题，如果处置不当极易引起社会矛盾。晋江市于 2016 年开始了农村集体产权制度改革试点。在改革过程中，吸收各方代表成立改革领导小组，广泛听取民意，保障集体产权改革的客观性和公平性。在多数村民同意的基础上，做到股权量化到人，成立股份经济联合社，进行市场化运作、规模化经营，做到集体资产保值增值。另外，拆迁上楼，打破原有的居住模式和管理模式。在村、居并存的社区环境中，桥南社区进行了社会管理体制机制的创新。一方面，采取双轨制管理，即社区组织机构与现有行政村管理机构并存的"双轨制"过渡模式；另一方面，为了增强社区居民

————————

① 参见《晋江市新型城镇化经验总结》。

之间的良性互动，由政府出资购买社会工作服务项目，成立志愿者协会——桥南妈妈协会，开展丰富的社区文化活动，在促进返迁居民和外来居民了解传承闽南文化的同时，进一步提升居民的身份认同感，增强居民的社区服务意识。[①]

（二）本地人与外地人关系的和谐

外来人口为本地的经济发展提供了劳动力，为经济社会发展做出了重要的贡献，同时，外来人口的基本需要得到了满足，基本权益得到了保障。

1. 市民身份与市民权利的获得更便捷

外来务工人员，可以通过办理居住证获得临时性地方市民身份，也可以通过迁移户籍来获得永久性地方市民身份。大多数外来务工人员基于对家乡土地和房产的考虑，或者是基于对在本地长期就业不确定性的担忧，而选择办理居住证而不是迁移户口。因为，办理了居住证也能够满足他们对公共服务的需求，且居住证所赋予的权利也越来越多。从最初的 15 项，增加到 22 项、28 项，又增加到 30 项。目前，外来务工人员还可以通过积分入户的方式享受超市民待遇。

2. 子女受教育需求得到了满足

晋江从 2006 年起，做出"不让一名务工人员子女失去接受义务教育机会"的公开承诺，晋江将全市公办学校向外来务工人员子女零门槛开放。2018 年，义务教育阶段晋江外来务工子女在校人数为 14.86 万人，占全市义务教育阶段学生的比例为 61.51%。

3. 社会保障权利得到了实现

在晋江，外来务工人员可以以雇员身份或者灵活就业人员身份参加企业职工基本养老保险。还可以参加职工医疗保险，有 15.11 万名外来务工人员参加了职工医疗保险，占全市职工医疗保险参保人数的 62%。此外，办理居住证的外来务工人员，未在户籍地参加新农合，也没有在

---

① 桥南社区：《晋江市池店镇桥南社区社会治理经验工作汇报》，2018。

晋江参加职工医疗保险的，还可以参加晋江的新型合作医疗。单位有工会的，可以由单位统一组织参加职工互助医疗。据统计，外来务工人员参加医疗互助的人数达 24.84 万人次，累计补助外来务工人员近 3000 人次，补助 800 余万元。[①] 同时，晋江市与来晋务工人员较多的五个县开通了医疗保险异地结算业务，方便在家乡参加合作医疗的外来务工人员报销。卫生计生部门针对外来务工夫妻开展免费孕前优生检测；外来产妇到公立医院分娩可以减免 300 元费用，剖宫手术费减免 20%。同时，企业和社区也专门开展了流动人口健康教育和健康促进活动，以促进流动人口健康素养水平提升、引导新市民树立健康观念。

4. 融入城市的能力和素质得到了提升

外来务工人员以产业工人居多，他们大多专业技能水平不高，因此职业发展空间有限、结构性失业风险大、成就感不强。针对这种情况，晋江采取了多方位的培训，提升产业工人的技能水平，增加他们的成就感。据晋江市总工会的统计，2014～2018 年帮助 586 名职工提升学历和技能水平。培训职工达 92 万人次，投入培训经费达 620 万元；精准培训企业班组长等中坚力量 3680 名。

此外，为了增强他们的城市归属感，使他们熟悉适应本地的文化，工会积极组织各种文娱活动，帮助他们融入本地。例如晋江市总工会，在灵源山组织种植"工人先锋林""劳动模范林"，规模达 530 亩，打造了集观赏、休闲、运动于一体的外来职工登山活动场所。此外，工会还与轻工学院合作，建立户外拓展基地，为基层工会开展拓展训练提供场地。[②]

5. 参与社区活动，增加与本地居民的互动

我们在访谈中，也发现多个社区都有社区志愿者组织，开展助老、扶幼等助人和自助性公益活动。很多外来务工人员都参与其中，有的甚

---

① 参见流动人口综合服务中心《流动人口服务管理工作情况汇报》，2017。
② 参见晋江市总工会《主动作为，提升产业工人主体意识与幸福指数》，2018。

至是组织的骨干。通过参与这些活动使他们满足了交友需求，增加了与本地居民互动的机会，增加了与来自不同地区从事不同职业的人的互动，奉献了自己的爱心，精神上得到了满足，获得了很多重要的关于日常生活的知识和信息。

外来务工人员，不仅为本地的经济发展做出了贡献，这些都是被本地人所认可的，也为本地的社会发展做出了贡献，例如城市建设、公交环卫等脏累差的工作大多由外来务工人员做，志愿公益活动也少不了外来人口的参与。外来人口在税收和社保基金缴纳方面也做出了重要贡献。相应的，外来人口的社会权利也得到了保障，外来人口与本地人口相互融合的程度得到了提升。

（三）阶层关系的和谐

研究表明，晋江的社会阶层结构，经历了从"金字塔形""锥形"再到"橄榄形"这样一个变化的过程。[①]众所周知，橄榄形的社会阶层结构是最稳定，也是最合理的。晋江社会结构演变为一个以中间阶层为主体的社会阶层结构，与晋江的产业结构转型升级有关，也与其系统、全面的人才政策有关。同时，晋江不同阶层能够和谐相处，各得其所，美美与共。公益慈善事业成为构建和谐阶层关系的润滑剂。

不同阶层的人士在公益慈善事业发展方面扮演了不同的角色。作为社会上层的民营企业家往往是公益慈善事业的主要捐赠者。据统计，晋江目前有27个"慈善世家"（一家三代累计捐资超过1000万元）、74名"慈善家"（捐赠累计500万元以上）、28名慈善大使（捐赠累计300万~500万元）。例如企业家许连捷，在2007年老父亲生日寿辰时捐赠了99999999元，开创了慈善捐赠的最高纪录。处于社会上层的人士往往采取捐款的方式参与慈善公益事业。而社会中层，尤其是"新中产阶层"更倾向于行动，他们不但出钱，而且具体运作公益项目。

---

① 参见中国社会科学院"'晋江经验'新发展新启示"课题组《泉州践行"晋江经验"的新发展新启示》，社会科学文献出版社，2018，第191~192页。

例如萧下村的青年中心就是由一些中小企业主和专业技术人员组成的、以辅助弱势群体、开展社区公益为宗旨的新青年组织。改革开放和社会转型使我国社会形成了不同的阶层结构。公益慈善事业使不同阶层的利益得到一定的均衡。社会的上层成为慈善公益事业的重要出资者，中间阶层成为公益事业的参与者，社会下层成为社会建设的受益者。不同阶层之间实现良性互动，使他们能够共享经济社会发展的成果，增进社会福利和社会认同，维护社会的安定和团结。

（四）内外关系的和谐

针对海外华人华侨爱乡传统和故土情怀，晋江坚持以乡愁为载体，找准发挥华侨资源优势与推动经济社会发展的契合点，引导华侨投入到教育、文体和医疗等事业，以及基础设施建设中。同时，赋予华侨各种权利。政府对待华侨采取了房屋归还、恢复名誉、冠名立碑等措施，既保障了华侨的利益，加强了他们与家乡联系的纽带，也调动了他们返乡旅游、度假的积极性，激发了他们对家乡公益事业捐赠的热情。[1]

据不完全统计，改革开放 40 余年来，晋江市共接受华人华侨和港澳同胞捐资超过 30 亿元。自 2010 年起，侨捐总额已经连续 8 年超亿元，其中 60% 用于教育事业。华人华侨和港澳同胞捐资成立的基金会和慈善会超过 300 个，资金总额超亿元。[2]

第三节 晋江社会建设的经验及未来发展建议

改革开放 40 余年来，晋江经历了巨大的社会转型，给社会建设提出了挑战，也为社会建设的大发展提供了机遇。40 余年来，晋江社会

---

[1] 山岸猛:《对外开放后福建侨乡的经济发展与海外华侨华人的经济作用——以晋江市为中心》，载张君良、唐春晓主编《解读晋江：改革开放 30 年晋江研究论文选集》，社会科学文献出版社，2008。

[2] 晋江市委统战部:《改革开放 40 年晋江经验宣传素材（海外部分）》，2018。

建设取得了丰硕成果,很多经验值得总结推广。站在新的历史起点上,晋江未来社会建设仍然有很长的路要走。

一 晋江社会建设的经验

(一) 重塑政府角色,采取积极、包容的社会政策

社会建设离不开政府的主导和直接的介入。[①] 晋江市委市政府通过实施积极的社会政策,解决了经济发展与社会发展如何相得益彰、协同发展的问题。

1. 政府财政坚持民生优先,重视社会投资

政府优先保证事关民生的财政投入,每年安排地方财力的 60% 以上用于民生建设。2017 年,民生保障支出达 74.65 亿元,占一般公共预算支出的 66.56%;2018 年,民生支出安排 77.32 亿元,占一般公共预算支出的 66.68%,增长 3.58%;同时,安排 5.56 亿元保障实施为民办实事项目。[②]

2. 坚持规划引领,突出城乡一体

把全市陆域 649 平方公里纳入全盘规划,遵循"为民建城、为民管城、为民创城"的发展理念,推进"多规合一"。在做强做优中心城区的基础上,全力推动基础设施、公共配套向农村全覆盖,让农村和城市既有相同的生活品质,又有不一样的生活体验。从 2012 年开始,每年投入 1 亿元用于美丽乡村建设,开展农村集体产权制度改革,出台村集体经济发展扶持专项政策,探索新农村建设新模式。

3. 对待外来人口采取包容的社会政策

晋江经济社会得到协调发展的重要经验就是善待外来人口。晋江提出"保障全覆盖、待遇均等化"的政策口号,使外来人口能够"进得来、留得住和融得入",推动流动人口从"工作晋江""居住晋江"向

---

① 王小章:《以社会建设推动城乡一体化》,《浙江学刊》2011 年第 5 期。
② 晋江市财政局:《发挥财政职能 促进经济社会和谐发展》。

"融入晋江"转变。在具体政策实施方面，找准外来人口最关心、与其利益最直接的问题作为政策的着力点。比如晋江在 2006 年就提出了"三不"承诺，即"决不让一名外来务工人员因恶意欠薪而领不到工资，决不让一名外来务工人员维不了权，决不让一名外来务工人员子女上不了学"。抓住了农民工最关心的欠薪和子女上学问题，受到农民工的欢迎，稳定了农民工队伍。

4. 分类施策，打造合理阶层结构

在以慈善事业为纽带、促进不同阶层之间利益的协调与平衡的同时，晋江还采取专门性的政策，有意识地优化阶层结构，满足不同阶层的利益诉求。例如，实施"领航计划"，大力培育企业家人才。针对民营企业数量多、实体产业比重大、"创二代"和新生代企业家逐渐走上舞台的特点，晋江实施企业家素质提升计划，目的在于培育一支国际化、创新型的优秀企业家队伍。目前，"领航计划"系统培训企业家5000 余人次，政府累计投入专项经费 1500 万元。[①] 又如，根据企业转型升级和经济社会发展的需要，深入实施"人才强市"发展战略，开展"四大人才计划"，累计吸引集聚各类人才超 27 万人[②]，壮大了中产阶层队伍。同时，适时引导成立"新社会阶层联谊会"，加强对新社会阶层的引导与整合。

5. 以"乡愁"为纽带，密切内外联系

在促进对外交流、服务侨台眷属、凝聚文化共识、推动华人华侨参与社会建设的过程中，晋江市政府探索了很多的经验和做法。例如"乡愁"党建就是晋江在凝聚海内外晋江人建设新晋江的品牌项目。在具体实践中，一方面，找准发挥华侨资源优势与推动经济社会发展的契合点，引导华侨投入到教育、文体、医疗等事业，以及基础设施建设中。将"乡愁"情感转化为反哺家乡的精神驱动力。另一方面，提高

---

① 晋江市委办：《晋江大力实施"领航计划"——精准培育企业家人才》，2017。
② 参见《福建省晋江市新型城镇化综合试点经验总结》。

服务华人华侨的效率。按照"服务凝聚人心"的思路，全面提升服务侨台眷属能力。例如，依托南洋华裔族群寻根谒祖综合服务平台，组建寻根红色义工队，定期开展"寻根之旅"活动，帮助海外侨胞寻根祭祖。强化《晋江商人》杂志的阵地作用，积极探索新媒体信息载体构建方式，为海内外乡亲提供实时乡土乡情信息。全面深化"情源晋江"青少年联谊交流，增强华裔新生代对晋江的认同。①

（二）社会建设要形成"政府主导、市场介入、社会参与"的体制机制

尽管，社会建设离不开政府的直接投入及相关政策的规划引导，但是并不意味着政府要大包大揽。在社会建设中，既要避免保姆式的政府，也要避免不受控制的市场化。

一方面，积极引入市场机制，提高公共服务的效率，节约公共服务的成本。一些社会建设的项目通过外包、民营化等方式交由市场主体来承担。例如，在"领航计划"的实施过程中，转变原本政府一手包办，企业家被动听课的传统教学模式，采用市场化服务模式，与专业智库签订协议，将"领航计划"整体外包。政府还可以采取向社会组织购买社会建设项目的方式构建"社会性市场"，社会组织则通过"社会性市场"来承接政府的项目，参与社会建设。晋江市政府一方面大力培育社会组织、培养社工人才，另一方面推动社区管理体制改革，通过政府购买服务的方式，积极推动政社分离和三社联动。2014～2018 年，累计购买社会工作服务达 3800 多万元。

另一方面，鼓励社会参与，引导各种社会力量投入到社会建设中。一是充分挖掘本地企业家和晋江籍海外华人华侨等传统公益慈善资源，鼓励他们进行公益捐赠。二是利用新社会阶层"有钱""有闲"且热心公益的特点，引导新社会阶层在社会建设中发挥更大作用。例如成立"新社会阶层联谊会"，团结引导新社会阶层投身公益事业。对于新社

---

① 参见《晋江市推进"乡愁"党建 汇聚发展正能量》。

会阶层自发成立的社会组织给予鼓励和支持。在社区层面，培育支持各类草根社会组织的发展，让不同社会地位的人、本地人和外地人能够通过社区社会组织开展的各类活动增加互动、增进理解、促进融合。此外，鼓励村级集体经济在村庄社区福利提供中发挥更大作用。特别是在敬老院的建设和运营过程中，村集体发挥了重要作用。

在社会建设过程中，形成政府、市场和社会各司其职、协调配合的体制机制，有助于解决政府"错位""缺位"的问题，提高公共服务的可及性和供给效率。

(三) 合理的发展规划是晋江社会建设的重要保障

晋江撤县建市后，提出珠链式侨乡城市的规划。建设青阳、安海、晋南三个各具特色的经济区，用高等级的现代公路和现代通信设施把三个经济区和各个镇连接起来，沿途布撒工业小区和旅游服务网点。目标是把晋江建成"三星拱照、珠联璧合、城乡一体"的新型侨乡城市。①新时期，晋江又提出"全市一城"理念，统筹城乡基础设施建设与公共服务提供，做到城乡共享。事实证明，这些战略的选择是正确的，为实现城乡一体化和外来人口市民化提供了战略支持。

(四) 地方传统为社会建设提供了积极有效的支持

在现代化进程中，地方传统是否能够成为社会发展的基础，为社会发展提供支持，成为现代化研究中的重要议题。晋江的实践证明地方传统包含了许多有益于社会发展的因素，传统与现代是一个相互促进的过程。晋江的地方传统主要包括边缘形态的地方传统文化（敢为天下先的冒险精神、脚踏实地的务实精神、开放的心态）、家族关系和海外关系。②

首先，传统文化有助于形成文化认同，达成社会共识，促进社会团

---

① 参见陆学艺主编《晋江模式新发展——中国县域现代化道路探索》，社会科学文献出版社，2007，第128页。

② 李一平：《地方传统与晋江社会经济的发展》，《南洋问题研究》1999年第1期。

结。晋江市政府根据地方的文化传统及当代的实践概括出"晋江精神"，包括"诚信、谦恭、团结、拼搏"。"晋江精神"既是千百年来延续至今的传统文化精髓，又是当代晋江人最注重弘扬、最突出需要的思想品格、精神力量。[①]"爱拼才会赢"已经深入到海内外晋江人的骨髓，大量的外来务工人员也深深地认同"拼搏、团结"的"晋江精神"，认同美好的生活是要靠自己努力奋斗获得的。"晋江精神"已经成为一种社会共识，是形成社会关系中各要素和谐相处而又生机勃勃的和谐局面的思想文化基础。

其次，血缘和地缘关系、海外关系在社会建设的过程中发挥了极大的作用。一是地方传统中的民间网络和人际关系对社会建设和社会互助起到重要的作用。例如社区老人服务、社区公益事业发展都离不开家族和社区的支持；二是地方传统有助于海外关系的重建和发展，海外关系极大地推动了晋江社会经济的发展。华人华侨的捐赠对于社会公益事业的发展起到非常重要的作用，在教育方面尤为突出。可以说没有侨捐公益事业，就没有晋江如此快速的发展。在教育方面，每年社会各界捐资助学的金额大约在 7000 万元。引导成立 5 个镇级教育发展基金，资金总规模达 1.31 亿元。[②]家族资源和海外资源的投入弥补了政府在社会建设中财政投入的不足。

（五）社会建设可以促进经济建设，二者可以协调发展

晋江通过改善民生和改革社会管理体制等社会建设措施，促进了社会的和谐，为经济建设与经济发展提供了安定的环境，从劳动力、土地和资本等多方面为经济建设提供了支持。

大力发展职业教育和技术培训为晋江产业发展提供了素质较高的劳动力。晋江产业发展以劳动密集型制造业为主，但是技术工人需求也不

---

① 黄东陵：《晋江精神：一种文化开创型的文化合力》，《理论学习月刊》1994 年第 7、8 期。
② 晋江市统战部：《改革开放 40 年晋江经验宣传素材（海外部分）》，2018。

少，随着产业转型升级，对技术工人的需求还会增加。同时，晋江采取对外来人口包容的政策，特别是政府的"三不"承诺政策，吸引了大量外来人口来晋江务工经商，满足了晋江对劳动力的需求。同时，通过社会建设有力促进了外来人口与本地居民的融合。大力发展社会组织和培育社工人才，提供更优质的专业化的社会服务，例如老年照料和儿童照料方面，协助劳动者平衡工作和家庭照料关系，使他们可以全身心地投入到工作中去。又如完善失地农民的社会保障，进行集体产权制度改革，有效化解征地拆迁的矛盾，为工业化和城镇化提供了必要的土地支持。作为著名侨乡，晋江积极吸引海外侨胞回乡参与家乡的社会建设和经济建设。侨胞们不仅在捐资助学和修桥铺路等社会事业方面积极参与，还在招商引资、兴办实业方面积极贡献自己的力量。

晋江的实践告诉我们，社会建设可以促进经济建设，二者可以良性互动、协调发展。一方面，通过经济建设来提供支撑社会建设的物质基础；另一方面，通过社会建设来为经济增长提供持久的动力与稳定的环境。

二 晋江社会建设存在的问题及建议

（一）继续改善民生事业，完善社会保障制度，提高保障水平

尽管，晋江的民生事业取得了很大的成就，但是仍然存在很多短板。未来需要继续加大民生事业的投入，改革创新相关制度，提升居民的获得感和幸福感。抓住一些直接关系民生福祉的重点工作进行突破。比如，加大普通教育投入，解决中小学校基建和设备购置的资金短缺问题，解决中小学教师缺编问题。提高职业学校办学层次，培养更多高素质的技术工人。为需要转岗的工人提供技术培训，帮助他们顺利渡过产业转型升级带来的失业危机。继续通过多种途径增加保障房供给，尤其是增加面向来晋江就业的外来人口的保障房的供给。整合养老保险体制，提高养老金待遇水平。目前，晋江有失地农民养老保险、城乡居民

养老保险和企业职工养老保险等三种形式的养老保险金制度，如何有效整合、便于不同险种之间进行转换是必须考虑的问题。同时，适当提高养老金待遇水平，使其能够保障老年人过上基本体面的生活。社会服务的质量和数量有待提升。养老服务方面，尽管，办了很多乡村敬老院，但是很多敬老院只接收能够自理的老年人，尚不具备接收失能老人的能力；"课后四点半课堂"也是在有限的社区、企业试点，急需扩大范围，让更多的有需求的家庭受益。

（二）吸引和稳定外来人口，增加劳动力的有效供给

近年来，外地来晋江务工人员逐渐减少。晋江用工短缺的现象不同程度地存在，不仅仅是紧缺高技能人才，有的企业连普工这种实用型的工人都很缺。因此，要采取更加包容的政策，吸引外来人口务工并长期居留是社会建设必须要着重解决的问题。从当前的政策来看，有两项政策会影响到外来人口的居留意愿。

一是外来人口子女升学会影响他们在本地长期居留的意愿。数据显示，近年来外来务工人员子女毕业升学率呈下降趋势。2016 年春，外来务工人员子女小学毕业就地升学率为 83.98%，而这一比例在 2017 年降低至 80.8%；初中升高中的比例也由 2015 年的 75.1% 降至 2016 年的 61.7%。中职阶段外来务工人员子女的数量和占比也有所下降。[①] 目前，晋江探索以社保为主要条件的入学政策，这可能会影响部分外来务工人员子女的升学机会。

二是外来人口积分优待政策效果不明显。积分优待本意是给予外来人口超市民待遇，吸引产业工人中的一些优秀分子落户晋江。但是，符合积分优待资格的流动人口，首先需要落户在其居住地，但部分未明确购房或子女就读学校的流动人口或因老家有房产、土地等原因而未选择落户，导致不能申购房产和使子女在当地就读；公办学校（幼儿园、小学、初中）就读时不允许插班生，提供的是起始年级学位，导致很

---

① 参见晋江市教育局《落实两个为主，服务城镇发展》，2018。

多拥有积分优待资格的流动人口子女无法就读；部分流动人口办理的居住证不满一年，或者居住证过期没有续签导致积分失效而无法享受市民化积分政策。此外，部分村（社区）担心增加计划生育和治安管理的难度，担心集体资产分红、集体承包地等福利被新落户人员分摊，存在消极接受或者只接收不管理的现象，一定程度上影响了流动人口参与积分优待政策的积极性。

因此，在对待外来人口子女入学问题上，应当继续坚持“两为主”和“不让一名务工人员子女失去接受义务教育机会”的原则。外来人口积分落户政策要更加灵活，方便符合条件的外来人口获得政策所承诺的优惠待遇。

（三）加强社会治理的体制机制创新，构建多中心主体参与的自治秩序[①]

继续完善多元主体参与的基层社会治理体系。首先，政府要调整其权威角色、性质及其与被治理者的关系，要明确和限定政府职责，以此来调整政府与社会组织和团体的关系。政府可以通过建立枢纽型社会组织或者是社会组织联合会，搭建社会组织间学习交流的平台，同时帮助它们建立行业规范，加强行业内部监督。其次，社会组织要管好自己。社会组织要受法律法规以及社会规范体系的限制和约束。同时，社会组织要增强自我造血的能力，避免过度依赖政府。再次，市场主体要参与治理。形成市场自治组织，规范市场和秩序，搭建市场主体和政府之间的桥梁。[②] 根据晋江产业特色，鼓励发展同业协会和商会，发挥它们在动员企业参加社会建设中的积极性。

---

① 周庆智：《政社互嵌结构与基层社会治理变革》，《南京大学学报》2018 年第 3 期。
② 周庆智：《政社互嵌结构与基层社会治理变革》，《南京大学学报》2018 年第 3 期。

第七章

党建引领县域治理体系现代化

第一节　中国国家治理体系现代化的重点和难点

我国国家治理体系现代化的重点和难点是如何让党的领导嵌入、引领国家治理体系。也就是说，是如何重塑党的治理体系，以适应我国新的政治、经济、社会、文化现代化及工业化、城市化、市场化、信息化和全球化的新局面。以党的治理体系现代化引领、推动国家治理体系现代化是我国最重要的问题之一，也是未来中国现代化文明模式最不同于西方文明的部分。

一　改进和完善党的领导，破解国家治理现代化难题

党的十九大报告指出，经过长期努力，中国特色社会主义进入了新时代，我们比历史上任何时期都更接近、更有信心和能力实现中华民族伟大复兴的梦想。实现伟大梦想，必须更强有力地建设伟大工程和推进伟大事业，即深入推进党的建设新的伟大工程，始终坚持和发展中国特色社会主义事业。实现梦想、成就事业关键在确保党的建设工程稳步推进，关键在确保党在驾驭国际国内两个大局中的灵活应变能力和保持在

新时代、新形势、新考验下的核心领导地位。具体来讲，就是要在全面深化改革中改进和完善以党的领导为核心的国家治理体系，提升党在新时期治国理政实践中的能力，使中国特色社会主义制度更好；要在新时期适应国内新的政治、经济、社会、文化现代化和生态文明，提高党在统筹"五位一体"布局中总揽全局的领导能力，使我国建成富强民主文明和谐美丽的社会主义现代化强国；同时，还要直面全球化、市场化、信息化与科技化出现的新问题、新形势，增强党作为大国执政党破解时代难题、化解风险挑战的勇气，敢于走一条不同于西方现代化的道路，推动建成合作包容的人类命运共同体。

二 全面夯实党的建设，推进县域治理体系现代化

郡县治、天下安。县一级在党的组织结构和国家政权结构中处于承上启下的关键环节，是发展经济、保障民生、维护稳定的重要基础。一个国家的全面现代化离不开每一个县的现代化，晋江在县域现代化方面做了诸多有益的探索，形成了"晋江经验"，值得全国其他县域参考借鉴。尤其在党的治理现代化方面积累了宝贵经验，成为福建省乃至全国党建的先进典型。晋江的党建经验已经不仅停留在党组织数量和覆盖率指标上，还在下列方面发挥了重要作用：协调国际国内两个大局，搭建党建引航网络，引导海外侨胞投资家乡；综合世情国情和当地发展阶段，强调党政引领、企业配合，主动探索和尝试最佳经济发展方式，不同阶段适时出台不同政策；融合党组织存量、增量，在机制创新和组织优化方面重点发力，创造性地融合非公党建与企业发展；构建总体研判、全面布局和分类落实的基层党建协调机制，破解基层治理现实难题；因地制宜落实党管人才，有规划、有政策、有服务，有针对性地协调党务人才、技术人才、产业工人等各类人才以服务晋江经济社会发展。

全面归纳总结晋江县域现代化进程中的"大党建"经验，对于回

答在新时代我国经济、社会、文化日益现代化条件下如何进行党的建设、如何巩固党的领导地位、如何以党的治理现代化引领国家治理体系现代化具有重要意义。晋江坚持以党的建设引领县域治理现代化：一是扎实推进政治建设，强化思想政治教育、建立健全党员干部日常学习教育制度；不折不扣抓政治任务落实，坚决贯彻落实中央部署，防范重大政治风险，推动高质量发展。二是锻造过硬的党政干部队伍，坚持从一线工作中考察、选拔干部，从全市事业发展的高度培养干部。三是大力引进人才，为转型升级提供人才支撑，注重围绕产业需求制定人才政策，做到有的放矢；创新实施"人才＋项目"引才模式，着力产才融合、精准育才，推动企业转型升级。四是立足城市实际、深入分析农村地区城镇化规律，扶持和壮大集体经济，推动基层减负增效，以基层党建引领社会治理创新。晋江的大党建实践既在经验层面回答了非公党建"该如何做"的问题，又在理论层面解答了非公党建"作什么用"的问题，正如晋江市委组织部领导所说：

> 非公企业建党组织仅仅是为了建而建吗？不是。是因为我们的企业大了，工人阶级集中在这里，所以要有代表，党的执政基础肯定要去做，这是没错的。但是企业的非公党建做起来仅仅是给这些人一个联络点吗？不仅仅是！
>
> 我们这几年经过思考，特别是习总书记提出"亲清"政商关系以后，我们要求所有非公企业把党建工作写入公司章程。党组织在公司法人治理结构当中，有它的地位，能够发挥实际性的作用。而且我们提出，要让党组织成为塑造"亲清"政商关系的主渠道，要让它成为落实惠民政策的主通道。现在跟企业打交道，（如果）有一些政府官员有忧虑，我们就通过党组织来打交道。现在很多企业对成立党组织有需求，特别是一些成长型的企业，通过党组织的导向引导下去。说白了，非公企业成立党组织就能够跟党和政府建立更加良性的关系。

那党建具体有什么作用呢？

第一，参与成长型企业规章制度的修订。成长型企业基本上都是党组织来帮它做（规章制度），它们需要党组织的引导。

第二，在企业管理人员的任用中，像晋工机械这家公司，员工担任中层干部、中层管理人员，是党组织去考核的，党组织牵头到车间去，按照车间推荐的几个人选，去考察听取意见。（中型企业的）人力资源部没有那么大的力量，但我们的党组织行，因为40多个党员分布在企业的各个角落，（党组织）掌握的信息比人力资源系统多多了。这样就可以把大家集中的意见考虑进来，以后把某些人员推荐到中层岗位上是更有说服力的。

第三，成长型企业对党建的要求是非常高的。它希望党组织能够引领企业发展，希望有人才政策（支持）。现在我们有很多企业都是由党组织的负责人来担任人才联络员，通过党组织就能够知道党和政府的人才政策，再到企业去宣传。现在就变成了党管干部、党管人才，在企业里就能落实。

第四，参与企业的一些全盘建设。党领导全盘组织建设，这个是理所当然的。再一个就是引导企业的文化，比如有的企业就以党组织的名义发动党员，由公司出资开展家乡助学活动，通过党建这种形式反馈家乡。慈善大爱的文化跟党建融合在一起，这种就是做企业的文化。

另外，我们还在做一个党员归属工程——党员职工社会成就向家乡通报制度。这个工程是，目前在晋江所有非公企业里的职工，只要他们获得晋江市级以上的荣誉表彰，或者是担任了"两代表一委员"，或者是获评了一些人才称号，就由我们晋江市非公企业工委向他的家乡发一个喜报。这可以激励党员、党组织在企业发挥很好的带头作用。（20180605，晋江市委组织部访谈）

第二节 党的建设在国家治理体系中的
核心地位和关键作用

一 坚持党建引领，全面深化国家治理体系改革

我国的国家治理体系由党的治理体系、政府治理体系、企业治理体系、市场治理体系和社会治理体系构成，其中，党在国家治理体系中居于核心地位、发挥关键作用。

习近平总书记在省部级主要领导干部学习贯彻十八届三中全会精神、全面深化改革专题研讨班上强调，改革开放以来，我们党开始以全新的角度思考国家治理体系问题，强调领导制度、组织制度问题更带有根本性、全局性、稳定性和长期性。[①] 这些问题的解决必须是全面的、系统的改革和改进，是各领域改革和改进的联动和集成，在国家治理体系和治理能力现代化上形成总体效应、取得总体效果。只有以提高党的执政能力为重点，尽快把各级干部、各方面管理者的思想政治素质、科学文化素质、工作本领都提高起来，尽快把党和国家机关、企事业单位、人民团体、社会组织等的工作能力都提高起来，国家治理体系才能更加有效运转。在新时代推进党的建设伟大工程不仅仅是党组织内部变革的问题，也不仅仅是党和政府的关系问题，更涉及党政、党企、党社、执政党与市场经济等的一系列复杂关系。从根本上说，是在党的治理体系现代化引领下，政府治理体系、企业治理体系、市场治理体系、社会治理体系全面现代化的问题。

晋江在农村集体产权改革过程中最为根本的经验即是：城市化进程

[①] 《习近平在省部级主要领导干部学习贯彻十八届三中全会精神全面深化改革专题研讨班开班式上发表重要讲话》，http://pic.people.com.cn/n/2014/0218/c101632-24387045.html，最后访问日期：2019年7月20日。

中的乡村治理，决不能切断基层党组织与农民的血肉联系，这也是发展和壮大集体经济中最大的政治。在村改居的治理变革中，村改社区的集体土地非但不能征光、卖光、分光，还要进行产权改革。村集体的土地由集体统一经营、统一使用，居民既可以获得补助，也能通过所持集体土地的股份进行抵押贷款、发展事业。

股份制改革，如果从基层治理的角度来讲，就可以概括成四个字，叫"村经分离"。为什么要搞"村经分离"？农村之所以出现小官巨贪、隐贪，就是基层干部出现了这些问题。我们分析晋江村干部的这些情况，全国各地也看了一些情况，其实问题出在哪里？就是出在集体"三资"，集体的资产、资源、资金，在这上面出现了监管的漏洞。（出现）监管漏洞又是什么原因呢？那就是村委会代行经营。因为《村民委员会组织法》规定，村里面要成立集体经济组织，管理集体资产。这个是《村民委员会组织法》规定的，但是长期以来，这种集体经济组织在农村没有发挥实质性作用，为什么呢？因为它被作为一种跟村委会合一的结构，村委会主任就直接履行了经联社的职责，成了牵这个鼻子的人，所以人就丧失了一种监管，全部他自己在弄。这个问题的解决……其实国家现在整个改革中……我们说顶层设计是非常清晰的。农村产权制度的改革，关键是要让经联社有一定的法定地位，（这在）原来是没有的。

这样，产权制度改革以后，产权清晰，权责就会明确，之后再成立一个监委会来监督，这样就形成了一个农村治理新型架构。我们把村委会跟经联社剥离出来。目前的结构中，经联社原来是村委会主任来带。党组织在哪里？党领导乡村治理。我们共产党是执政党，党领导一切，怎么实现？就是必须让村党组织成为落实各级党委惠民政策的主渠道，要通过党组织来做。我们现在经联社的主任就是书记，就不是原来的村主任。因为原来的很多村主任有一个竞选的口号，"我这一次上台，我就是要把资产给分掉，分干吃净"，老百姓说"好啊"，分掉肯定好。通过村经分离改革，村归村，村委会就是搞自治，什么是自治呢？就是自我管理、自我监督，就是这个。经济呢？经济要有专门的机构来运作，目前暂时的办法就由村党组织来做。我们想说等到条件更成熟的时候，因为刚刚改革，我们想以后把这些全部信托，经联社管着这些资产，委托专业（信托）机构来运作。

晋江做的第二个分离叫作选片分离。村经分离是对资产的，选片分离是对人的。我们在每个村、社区设计了一个公共服务中心，主要有三种岗位：第一种岗位叫作管理岗位，第二种叫作窗口岗位，第三种岗位叫网格岗位。这样概括起来就是八个字"一个中心，若干网格"，这个就是我们晋江村社区的运行机制，也就是乡村治理的总机制、总抓手，是组织部跟政法委联合起来。

管理岗位是村社区的书记、主任来任职的，他们负责统一管理。书记就是这个公共服务中心的主任，村委会主任就是公共服务中心的副主任，这个是聘的。（某人）选上书记、主任以后，我这里面看你行不行，行就聘你来，不行我就不聘你。其他的村委会委员跟党支部委员是全脱产的，能够脱离生产、专职到这个岗位上做事的，我就聘你到窗口。比如说村委、支委我就看你能不能全脱产或者是半脱产，如果你能够全脱产（村干部，我们中国是实行不脱产体制，但是目前确实有一部分是全脱产），我们就聘到窗口岗位，就是坐在窗口办事的这种，就跟市、镇里面的行政中心形成三级联动。另外一个就是网格岗位，就是一个村划分成四五个网格，一格一员，就是半脱产的这些岗位。网格员不需要整天在那转来转去的，有矛盾纠纷、民事需求的时候，比如说哪一家有什么需求，有什么纠纷，或者有什么需要村里面来做的，就按照网格的体制分下去。整个晋江目前就是大概 1600 多个镇，3900 多个村，窗口岗位我们目前的设置是 1300 多个。

"一个中心，若干网络"这种治理体系，就是把党的领导和群众自治这样一种机制搭建起来。网格就能够对民情、对村情进行快速地反映跟处理，窗口就是一些政府性的事务，你能够迅速地去办，上下联动，这就是党领导乡村治理的一种基本的架构。这是一个重要经验。（20180605，晋江市委组织部访谈）

二 确保党的核心领导地位，统筹推进"五位一体"总体布局

我国当前的国家治理体系指的是在党的领导下管理国家的制度体系，包括经济、政治、文化、社会、生态文明和党的建设等各领域的体制机制、法律法规安排，也就是一整套紧密相连、相互协调的国家制度。这就表明党在国家治理体系现代化进程中处于总揽全局、协调各方的领导核心地位，扮演着把方向、谋大局、定政策、促改革的角色。确保党在国家治理体系中的领导地位不动摇、保证思想建党和制度治党同向发力是根本要求，抓好基层党组织建设是基础，培养一批高素质的专业化干部队伍是关键。

党的治理体系现代化建设首先应把思想武装和政治建设摆在首位，坚持用习近平新时代中国特色社会主义思想武装头脑干实事，在政治立场、政治方向、政治原则、政治道路上同党中央保持高度一致是根本遵循，与时俱进，不断探索、总结执政规律、建设规律和社会发展规律，形成与马克思主义中国化最新理论成果同向而行的科学治国理政制度体系，为国家治理体系现代化提供正确的方向、道路。基础不牢，地动山摇。党的基层组织是保证全党执政能力、战斗能力、执行能力的坚强堡垒，新时代条件下要在保持现有基层党组织建设工作的基础上重点做好非公企业、村民自治组织、居民自治组织、村改居社区、经济开发区、工业园区、商业街区、创新创业园区、社会组织中基层党组织的有效覆盖和组织方式、活动开展等方面的创新。以党员为中心，着力解决新经

济业态、新社会阶层和新行政区划中基层党组织弱化、边缘化问题，为国家治理体系现代化提供坚实的组织载体和物质力量。坚持激励和约束并重、创新干部考核机制，更加注重在一线选拔、锻炼和考验干部，形成规范化、制度化的干部人才培养机制，以"党管干部"为原则打造一支有信仰、靠得住、有能力的干部队伍，以"党管人才"为原则支持和关心高素质、有道德、有技术的人才队伍，为国家治理体系现代化提供人员保证。总的来说，党的执政地位是历史和人民的选择，党的执政能力是时代和人民的要求，抓好党的治理体系现代化建设是新时代国家治理体系变革中最根本、最关键的工程，是保证政府治理体系、企业治理体系、市场治理体系、社会治理体系等现代化建设工作方向正确、道路正确、制度正确的决定性因素。

在政府治理体系现代化方面，要大力推进"法治型政府"，用法律法规把权力关进制度的牢笼，规范政府官员的行为准则和行为边界。同时，也要加快"服务型政府"建设，转变政府理念，从过去以管控、准入为主向服务、监管为主转变，营造良好的政治生态、经济和社会发展环境。在市场治理体系现代化方面，要推动传统市场监管向治理创新转型，加强"事中事后监管"、统一监管和法治化监管，充分调动社会组织（尤其是商会、行业协会）、新闻媒体、消费者等社会力量参与市场监管的积极性，形成多元共治的市场治理格局，建设统一开放、竞争有序的市场体系。在企业治理体系现代化方面，要不断完善公司治理体制，加快在各级、各类企业中建立现代企业制度的步伐，统筹推进企业制度改革、资本市场体系改革、政府监管机构改革、市场中介机构改革。在社会治理体系现代化方面，加强社会治理制度建设，完善党委领导、政府负责、社会协同、公众参与、法治保障的社会治理体制，提高社会治理社会化、法治化、智能化、专业化水平。支持党领导下的群众自治组织发展，积极创新社会自治机制和工作方法，探索城市化（城镇化）过程中集体产权村经分离模式。

第三节　中国社会现代化呼唤党的治理体系现代化

一　准确把握新时代历史方位，深刻认识中国社会的历史性变化

经过40余年的改革开放，中国的经济、社会和文化日益现代化，党的建设必须适应这一新的变化和现实才能真正实现以自身的现代化引领整个国家治理体系的现代化。第一，我国现代经济体系初步建立，工业化基本实现，市场化日益加深，一、二、三产业结构和就业结构发生深刻变化，非公有制企业和外资企业成为经济发展重要力量。第二，我国社会阶层结构急剧变化，利益关系日益重要，新社会阶层不断涌现；社会组织发展迅猛；社会空间日益扩张，国家与社会关系重塑；社会治理体制由单位制向社区制转型。第三，文化多元化、世俗化不断推进，人民思想观念发生变化，人民对美好生活的向往日益强烈，对党和政府的行为提出了更高要求和期待。第四，信息化、全球化进程加速了人民诉求的多元化和观念的开放性，尤其是随着互联网的飞速发展，中国和世界的关系日益开放，国家治理体系日益在一个全球性开放空间中运行。

随着上述我国政治、经济、社会、文化的日益现代化和国际化，党组织的分布和运行环境也发生了诸多重大变化。计划经济体制下，党的治理体系主要基于单位制（党政机关、军队、农村、学校、企业和其他事业单位），在一种相对封闭的制度空间运行，但现在整个中国的政治、经济、社会变迁使得社会整体开放度不断加深，党组织的运行环境也日益复杂和开放。

二　明确党建工作新挑战，着力推进党的建设现代化

从党组织的分布和覆盖面来看，基层党组织分布除了存量，即原有

的党政机关、国有企业、农村、事业单位内的党组织，还出现了很多增量：非公有制企业、社会组织、新型城市（镇）社区（比如商品房小区）、新型农村社区（包括城中村、村改居社区等）、经济开发区、工业园区、创新创业园区、各类商业街区等的党组织。

从党组织的运行环境来看，其发生了诸多新变化：①从计划经济体制国家调控一切的全能型管理模式到以市场经济为主，党政、企业、社会多元参与、协同治理的模式，人们的观念、价值取向和社会关系也日益以市场为导向；②从单位制到社区制的社会治理机制变化，党的领导从事无巨细的全方位介入向谋大局、定政策、促改革的角色转变；③国家与社会关系发生变化，独立于国家的社会空间和社会资源日益增多，人们对国家的依赖降低；④信息化、全球化的影响，党的宣传思想工作更具挑战性，尤其是移动互联网的出现，使人们的关系模式、沟通模式、互动模式和组织动员模式发生了重大变化；⑤以 90 后、00 后为主体的新生代给党的工作带来了新的变量，90 后、00 后成长环境中包含更多物质化的价值观念、碎片化的信息、短暂性的感官刺激和世俗化的娱乐方式，个体张扬突出，更加注重个人价值和个体的满足，和集体、社会的联系日趋松散，这些都在较大程度上影响了新生代群体的思想观念和行为模式，对劳资关系、就业、企业管理、产业发展和政府治理提出了新挑战，对党建工作也提出了新要求，必须创新党建工作形式、丰富党建工作内容，以有效吸引、凝聚代表中国未来、也是未来中国国家治理体系主体的新生力量。

第四节　晋江在推进县域全面现代化进程中的"大党建"成绩

一　依法从严治党，组织建设与人才培养并举

晋江民营企业占全市企业总数的 98% 左右，工业产值占全市的

95%左右。十八大以来,晋江加大探索如何在非公经济占九成以上的县域经济体中建设更有力、更有效的党的治理体系这一重大课题,将党的治理体系现代化水平推向新高度。

党建事业,干部是关键。晋江始终坚持推进干部队伍素质提升工程,在实绩量化考评办法、农村党员登记制度方面进行创新实践,在建立党代表工作室、党代会常任制试点工作中取得新突破,在党务人才职称评聘制度和党务人才订单式培养等工作上形成特色。

党建工作,基层是抓手。晋江市委领导创设村级组织"三张清单"和"三项经费",打造非公党建"二带十"、机关党员"义工进社区"等品牌,助推大埔村、优兰发公司党委获评全国先进基层党组织。

党建活力,法治是保障。晋江市委全力支持人大、政协、司法机关独立开展工作、行使职权,扎实做好统战、群团、人武、老干、双拥、宗教、老区建设、对口帮扶等工作,党委统揽能力持续增强。同时,坚持全面从严治党,坚决贯彻"八项规定"精神,保持从严惩治腐败的高压态势,党风廉政建设和反腐败斗争取得新成效。

二 突出特色,做优做实,科学化、制度化推进非公党建

重点来看,晋江党建在干部队伍建设(职称)、基层党组织建设(网格化)、非公企业党建、社会组织党建、园区党建、商业街区党建("二带十"、"兼合"、"网格化")等方面积极探索,积累了宝贵经验。这在提升党的治理体系现代化水平的同时,也在地区经济社会发展中发挥了巨大作用。

一是发挥党员干部先锋模范作用,提高企业生产管理水平和业绩。晋江恒安集团有限公司建立了"党员标杆生产线",在党员的带动下,生产线不断改进生产工艺、推进生产流程再造、加强科技攻关、提高生产效率、提高精益管理水平、有效控制生产成本,公司进入"团队提升""向管理要利润"的新发展阶段。同时,这提升了党组织影响力,

积累了党领导非公企业开展生产的实践经验。恒安集团首席执行官许连捷表示，支持党组织开展工作，既是一种政治责任和法定义务，也是企业自身做大做强做优的内在要求。

二是充分发挥党组织的桥梁纽带作用，凝聚和激励企业员工。晋江在开展党建活动过程中加强与工会、共青团和妇联的协同工作，推广"幸福员工工作室""三必访三慰问"等做法，积极帮助解决生活、配偶就业、子女上学等员工最关心的问题。361°、柒牌、优兰发等公司设立党群活动服务中心，举办多种公益、文化主题活动，团结和凝聚企业员工，丰富党建工作开展形式，助推企业形成积极向上的企业文化。

三是化解劳资矛盾、调解纠纷，构建和谐劳动关系。晋江引导党组织和党员在发生劳资纠纷时"挺在前面"，做好员工矛盾纠纷的调解化解工作，如优兰发公司设立"党代表工作室"，创新设立"党工团联合接待日""总裁信箱"等。晋工机械集团奖励职工在生产管理、薪酬福利、激励机制、党群组织建设等方面开展合理化建议活动。恒安集团成立由党群组织骨干组成的员工纠纷调结委员会，协助企业做好沟通协调、化解矛盾、改善企业环境等工作。

四是加强企业和党委、政府的联系，帮助企业了解最新的政策和制度，获取政府资源和帮助。晋江实行党政人才和企业管理人才双向挂职的选人、用人模式，既能保证党委政府及时了解企业生产动向和发展困难，也能促进企业对国家、当地最新制度和政策的了解，打通企业、党政机关之间的直接沟通渠道，促进信息、资源的有序流动和合理分配，为企业发展、创新提供政治动力和资源。

五是帮助企业建立严密的组织干部人事体系，提升公司治理和管理水平。由晋江市党组织部主导，多方合作，在党务人才选聘工作中创新性地引入专业化、职业化机制。职位化选派党建指导干部到企业一线指导，职称化选聘党组织书记，开展对党务工作的职称评定工作，职业化选育党务工作者，联合校、地、企三方资源培养专职党务工作者，同时，借鉴国有企业的干部组织管理体系，加强对非公企业管理人才的培养和管理，有效提升了公司治理和管理水平。

第五节 晋江在推动党的治理体系现代化方面的八大经验

一 党组织存量改革，提升党的领导力和战斗力

加强党政干部队伍建设，改革育人、选人、用人机制，坚持公正、实绩导向的用人观。晋江市委坚持"只要干得好，就一定会用得好"的用人导向，坚持"哪里出成绩，哪里就出干部"的用人原则，注重在一线考察干部、锻炼干部、培养干部，在拆迁等一线工作中组建党员"尖刀连""突击队"等，解决与人民群众切身利益相关的问题，格外关注勇于破难、敢于担当、实干争先的干部，在实践中优化干部考核评价体系和激励问责机制。注重对干部素质的培养，完善国内外培训考察常态机制、实践锻炼常态机制，优化领导班子知识结构、专业结构、年龄结构。在基层党建工作中，严格落实基层党建工作责任制，建立清单化、指标化、项目化驱动机制。

针对政府公务员内部激励机制问题，一是一线考察干部，一线追责干部。都到一线去，到基层，到企业。二是用人的导向，只要你干得好，就一定会"哪里出政绩，哪里就出干部"。然后就是更加注重基层一线，更加注重项目立项，更加注重急难险重工作中的表现。也就是，"导向出来，关键看执行"。我们在激励干部的时候，其实就是看党委公不公正。明明口碑很差的，你把他提拔起来，再怎么好的导向也没有用。我们每年，每个阶段……比如说最近我们的高铁新区，组织部马上进入，是全程跟踪的。在一线表现好的干部，高铁新区建成后就可能被提拔。（表现）不好（的），

该处理的就要处理，两头的导向特别清晰。(20180607，晋江市委书记访谈)

我们晋江的特色就是组团式的，像这次拆迁，就是集中战役，一个小镇分一个小分队，你包一块，你做工作，做完之后你就回去。这样的组织是有好处的。因为一个镇里面的工作做不了，我出面来组织一下，集中精力、集中兵力朝着一个方向开火，拿到结果。我们做工作是"尖刀连""小分队"。我们抽调几个很厉害的，先打开成果。打开了之后，接下去你们就做吧，就用这种办法。我们当时做集成电路就是抽五六个人，五六个人先打开缺口，发挥"尖刀连"的作用，先把城堡打开一个缺口，然后大部队再冲上去。我们现在的工作都是这样做的。(20180608，晋江市长访谈)

二 党组织增量发展，实现党组织的全覆盖和有效覆盖

1986年，恒安公司成立了晋江首个外商投资企业党支部。30年后，晋江已有非公企业党组织1170个，社会组织党组织90个，直属管理党员6813名，兼合管理党员1.2万名，并涌现出一批国家级、省级先进党组织和党建品牌。

晋江党建发展历程是和晋江经济社会发展紧密相连的：在晋江经济起步阶段（1978~1991年），家庭作坊式经营模式占据主导，当时的党建主要以提高思想认识、营造氛围、创建党组织、扎牢根基为主要工作；随着非公企业大量出现（1992~2001年），企业生产、管理日益成熟，流动人口大量涌入，在习近平同志的7次视察过程中，晋江非公党建逐步向组织领导网络化、组建组织系统化、开展活动多样化、发挥作用立体化发展；在非公企业获得规模化、产业化、集群化发展（2002~2011年）的同时，非公党建工作也更加规范，主要工作转移到激发党

员活力、发挥党员作用的"管人、育人"目标上；十八大以来，晋江全市开始了现代工业化、城市化建设的"二次创业"，从关注非公党建数量到主要提升质量，创新推行"兼合式"党组织组建办法，允许党员不迁入组织关系就一起参加活动、贡献力量，并推动党组织在公司治理体系中发挥更加实质性作用，将党建与企业生产紧密结合起来。

晋江为解决部分非公企业、社会组织、工业园区、商业街区、农村新型社区党员人数少、党员流动性大、党组织活动能力弱的问题，创新党组织覆盖机制，开展以单独组建为主，以兼合组建、兜底组建和网络组建为辅的党组织组建方式；重构和强化区域党组织连带机制和抱团机制，跳出"一家一户抓党建、单打独斗搞党建"的惯性思维，以经济开发区"一区多园"为重点，把全市划分为 10 个片区，每个片区以 2 家核心企业、龙头企业带动周边 10 家乃至 N 家中小企业，在党组织联建，活动联办，信息、产能、技术、项目、人才对接等多个方面展开合作；以经费支持的方式实施"同业党建联盟"项目，加强行业协会党建，促进企业在党建、人才、产能等方面的"抱团"发展、合作发展。

在基层社区治理中，首先，建立青阳街道城区党建协调机制，晋江市委设立区域党建联席会议，挂钩市领导任指导员，街道党工委书记任召集人，规划部门、市政部门、住建部门、执法部门等市职能部门党组织和青阳街道负责同志为成员，优化机构设置、赋予街道党工委部分权限；其次，构建社区党建联动机制，实现党组织全覆盖，实行网格化管理，选聘职业化、专业化党务工作人才；最后，构建街区党建融合机制，采取单独组建、兼合组建、挂靠组建等多种方式，打造党建共享共建平台，将党建工作与城市基层治理融为一体。

> （基层）党建工作，除了做好相关常规的、日常的党建学习制度、党内政治生活，我们也根据街道的实际情况来探索城区、社区、街区三区联动的模式，建立城市基层党建联席会议制度。这个

制度主要是围绕平常贯彻党的学习制度、对党的领导干部的要求，探讨城市建设当中社区的综合治理怎么通过联席会议制度来协调相关市直部门共同落实来解决，通过党建联席会的形式，把一些街道、社区突出的问题解决掉，比如在规划、市政、土地等方面存在的问题，都通过这个制度来解决。

同时，我们根据新的业态，比如文创园区成立以后，相关的新业态出现，我们及时在这个领域成立党支部，来落实意识形态的服务责任制。我们的党员有社区党员，还有一些商户党员，都生活在这个街区，都生活在市中心，我们工作、学习、生活都在这里（不管他在什么单位工作），通过让他兼任这个社区、街区的委员这样一种形式来把大家融合起来，共同商讨怎么把社区管理好，怎么把街区搞得整洁、干净。机关党员、企业党员、做生意的党员，包括我们社区党员，让他们融合在一起，共同探讨社区怎么发展、怎么管理。

另外，基层党建联席会议制度，比如我挂钩青阳街道的领导，作为召集人，包括街道书记作为召集人，它的成员可能涉及跟市区管理有关的市直部门的领导。比如我有一个问题，这条路要铺，是属于市政的道路还是属于街道、社区要自己负责的？如果是市政的，在联席会上，市政有什么意见，先来说。可以的话，相关的部门都过来了，财政要分担多少，规划部门怎么去设计，市政怎么去施工，社区要怎么配合，可能在这个联席会上就把这个问题解决掉了。（20180609，晋江青阳街道座谈）

三 创新党建工作方式和工作机制，打造党建工作品牌

晋江探索提出了"二带十"区域化党建工作模式，以 1～4 个镇（街道或经济开放区）为单位划分 10 个区域，每个区域确定 2 家产业集

群核心企业党建典型,示范带动周边 10 家企业党组织,以区域方式推动先进、中间及后进党组织"捆绑式"发展。在人员配备方面,组建以晋江市委组织部选派的科级非领导职务党建指导员、党建专职干部、企业党务干部以及村务工作者为主的"1+1+1+1"党务团队进驻企业全职挂职党建工作;在运行平台方面,推行扁平化管理制度,实行包括党建指导员、党建专职干部、各企业党组织书记、主管单位企业党委负责人、党员代表、职工代表在内的区域联席会议制度,形成"财政拨助、党费补助、企业资助"的多渠道党建经费保障格局,同时市镇两级不定期召开片区党务工作座谈会,建立工作督促、党建干部评优制度;在工作内容方面,推行"大党建",党建工作中不仅要解决区域内党组织管理弱化等困难,还要兼顾中小企业文化、人才、信息、和谐劳动关系、科技攻关、提质增效等问题,并联合企业工会、共青团、科协、纪检、党校等部门发挥实质作用,推动企业发展。

在培养党务人才方面,引入职业化选人用人理念。一是职业化选派党建指导干部,每两年从市直单位选派 20 名干部(10 名科级干部,10 名后备干部)和 10 名党务专职工作者,按"1+1+1"分组到 10 个片区担任党建指导干部,实行脱产任职、专职驻企、单列考核、动态管理,每组配套党建经费 30 万元;二是职称化选聘党组织书记,先后推出党务工作者聘用制,党务工作者职称评聘办法,将企业党组织书记按 1~5 级评聘职称,财政给予每人每月 300~2000 元五个档次工作补贴,其中一级、二级还纳入全市人才队伍,享受优惠;三是职业化选育党务工作者,与高等院校合作开展党务人才订单式培养,由校地企三方共同打造"红色 CEO"队伍和社会组织党务工作者。在全市非公企业党组织设置规范化办公活动场所,通过"二带十"机制推动核心企业活动场所开放共享。同时倡导实施"双向挂职"计划,推荐一批创二代企业家、企业高管人员到机关事业单位挂(兼)职,遴选一批优秀党员干部到企业挂职。

晋江组织部的做法，我们是非常认同的，首先他们的高度不一样，二是本身工作能力也都非常强，他们选调的党委副书记都是年富力强的（干部到企业挂职）。虽然他们只挂职两年，没有从早到晚都在这里，但挂职结束之后对企业的感情还在。所以我们觉得特别给力，有啥困难就找组织。包括我们制订年度党建工作计划的时候，也会跟我们副书记，有时候副书记也会跟市委组织部，包括安海镇协调，我们也在互相探讨，怎么有效结合。每年企业发展有一个主线，包括我们党建，包括市里面，怎么有效把这些结合起来，就是形成合力嘛，而且在这个过程中，市里面、省里面有一些相应的惠企政策、人才政策、帮扶政策，有一些政策我们都可以用，一点儿都不浪费。当然我们也会经常给上级提一些建议。

（企业）党（组织）不只管人才、育人才，还要留人，这也很关键，最重要的是让员工在这里有家的感觉，他在这儿又有成长。对整个员工也好，党员发展也好，我们不止一个路径，在你的管理岗位有一个晋升，在你的技术岗位有一个晋升，所以我们也搭建了整个人才职业晋升的平台。当然也根据个人的职业规划、个人的能力、个人的兴趣，我们看走管理通道还是走技术通道。同时，企业组织也可以学习党的制度，像干部管理制度、人才培养制度都非常好用。（20180607，恒安集团访谈）

晋江市出台了全省首份县级《两新组织党组织工作经费保障实施细则》，构建了以"党费全额拨返、财政专项支持、工会会费拨补、管理费用列支"等四大渠道为主，"企业赞助、党员捐助、单位补助"为辅的经费保障机制，每年市管党费列支100万元，市财政预算100万元，市管工会会费单列100万元，市镇两级每年投入500万元以上，企业和社会组织党建基本经费得到切实保障，这一做法在泉州全市推广。

晋江市政协通过"党建＋界别"的方式凸显政协工作特色、扩展活动领域，同时通过政协平台延伸党政企互动渠道，引导工商联、异地商会推进"乡愁党建",引导海外侨资赴晋江投资建厂、参展办展,助力非公企业发展,扩大党组织覆盖面。统战部门结合晋江"侨乡"特色,创新性打造"乡愁"党建项目,采取"商会+支部"结合的方式,搭建党建引航网络,将侨胞的乡愁情感转化为反哺家乡的精神驱动力,形成了依托国外商会、同乡会党组织这一载体招商、引才的项目化运作机制。

晋江在每个商会成立了党支部,事实上这有一个凝聚力,这也是晋江的一大特色。现在我们异地商会基本上都成立了党支部。国内成立的24个异地晋江商会有17个成立了党支部(20180606,晋江市委统战部、侨联访谈)

四 创新、丰富党建工作内容,增强党组织的吸引力和凝聚力

晋江市内党建片区和企业党组织开展了一系列特色项目和特色活动,以人民群众喜闻乐见、易于接受的方式开展党建工作。罗山、新塘、西滨党建片区组建"支部联盟",推动组织互动、资源共享,利用联盟成员单位已有的活动场地、器械设施开展党建工作和文化活动,运用微信群、QQ群、微博和微信公众号等新媒体加强学习交流、发布活动信息。为解决企业间党建基础差异大、地域跨度大、活动难以开展等问题,池店、紫帽党建片区打造"十五分钟党建圈",将整个"二带十"党建片区进一步细分为三个党建圈,每个党建圈以一家党建龙头企业为核心开展联合党建工作。361°公司将党建工作与"橙、绿、蓝、红"色彩文化相结合,从人文关怀、成长发展、制度建设、竞赛评优等方面开展活动,塑造企业文化。陈埭企业咨询服务中心是一家服务企业管理、咨询的中介机构,该中心党支部推出"企业党员服务超市"党建工作品牌,实施党员"零售服务"、党员"外卖服务"和党员"批

发服务"特色项目，分别为企业提供个性化服务、面对面服务和打包式一条龙服务。

晋江市委还以组织部牵头开展主题活动，发动社会参与、全民参与。以河长制的落实为例，2017 年开展的爱河护河活动就发动一些党支部、发动一些党员成立了护溪队，其他的社会组织也开展了很多这样的活动，有一些非公企业也有意愿认领、保护河道，妇联和各个乡镇也都成立了护河队，仅开发区就有 20 个分队，共青团组织也纷纷开展了护河的宣传活动，另外，在推进市里面党支部与沿河的一些村里面党支部的街地共建方面也做了很多工作。

五　坚持党的建设和企业生产相结合，围绕发展抓党建、抓好党建促发展

党建也是生产力，要把党建和企业生产有机融合，促使党建转化为实实在在的生产力。恒安公司党委设立党员标杆生产线，推进生产精细化、规范化，公司月节约成本 20 万元，故障率、废品率下降明显。柒牌公司结合生产实际，摸索出一条与企业生产工作相适应的党建路子。第一，自觉践行群众路线思想，每年采取员工满意度调查、座谈会和职工大会等形式，了解员工的思想动态和问题反馈，提升员工在企业生产管理中的参与度。同时，主动关心职工，如柒牌公司党委联合工会、晋江市总工会筹建"四点钟学校"以解决员工子女课后托管问题。第二，结合公司实际，在西服车间建立"党员示范车间"，掀起"赶帮超"生产氛围，形成较大的影响力和示范作用。第三，严格党员日常管理，抓好制度建设，探索进行党建质量管理 ISO9001 - 2008 体系认证，规范化、科学化抓好党建，同时，纪检工作有序进行，企业廉洁作风建设开展顺利，为公司深化改革、发展生产提供保障。

恒安集团倡导在生产经营中建功立业。集团集结党员技术骨干和业务骨干，成立党员技术攻关小组、党员示范车间、党员标杆生产线。如

为配合集团二次管理变革成立的卫品党支部"党员标杆生产线",通过技术攻关、流程再造、精益管理,月产能提升 37.11%。次品率下降 0.2%,月节约成本 20 万元,增加效益 127 万元。另外,集团党委设立"红色提案委",在全体党员中推行提案改善活动,通过不断提出创新性的改善方式方法来提升或突破 KPI 绩效水平,系统性地为企业降本增效。

抓好党建促发展,是围绕发展促发展,这是非公经济体,包括社会团体,包括新经济社会组织所需要的。你们可以到 361° 企业车间里看看:党组织起什么作用,党员能够起到什么作用。他们自发在墙上贴了一个口号,叫"一个党员就是一面旗帜,一个支部就是一座堡垒",这两句话是他们企业党建自己总结出来的,我想这是很经典的。一个党员在一个组织当中,在非公企业里面,就是一面旗帜,你是中国共产党党员;一个支部在非公企业里面,是一个堡垒。党员、党组织在企业发展当中,同样起到示范、核心、引领的作用。这是非公企业的党建。(20180607,市委书记访谈)

党委会参与重要决策,但是党委会的所有参与,决策过程中都要充分尊重市场,也就是由市场要素、市场需求、市场方向、市场潜力来决定我们一切的决策,作为市场交易来讲,这是一定要的。但是,在整个高层的决策当中,每个人的意见不尽相同,最后就是由市场来决定。(20180609,盼盼集团访谈)

六 强化党组织在非公企业治理中的作用

晋江市委加强引导,探索在有条件的非公企业中将党建工作写入公司章程,明确党组织在企业中的法定地位。恒安集团推行党委班子成员与集团经营管理层及下设各支部书记交叉任职制度。目前，恒安集团党委书记、副书记分别由集团高层领导担任，其他 7 名委员均由集团部门总经理担任，他们兼任工青科等群团组织负责人和各支部书记。同时，选拔专兼职干部，充实党委办、纪委办组织力量，加强集团内部纪律监督，遏制不良作风，为党员、普通员工营造良好的人才成长环境。盼盼集团在实行集团高管与党组织班子主要成员"双向任职"的基础上制定了党员考核积分制度，对党员进行不定期考核，考核结果对接集团人才梯队建设，将优秀党员输送到集团重要岗位，并增设纪委和党校两个机构，加强党内教育工作。在人才晋升方面，恒安集团有意识安排党员到重要岗位轮岗锻炼，鼓励党员参加集团内部竞聘，同时集团党委利用党委书记是人力资源总监的优势，牵头设立员工职业发展通道委员会，在多个专业技术领域建立与行政职务待遇相匹配的发展通道。

> 恒安的党建是非常有特色的，我们是扎扎实实真正在做的，而且把我们的党建工作跟我们企业日常经营管理完全融入结合在一起，不要两张皮。（党建和企业经营）始终在一起，没有说企业经营发展是经营发展，党建是党建，我们所有的大的党建工作全都结合在一起。而且利用我（党委书记）是组织部长这个优势，把我们的党建跟人才管理完全结合起来了，所以集团发展到哪一步，我们的党建工作就支持集团往前走到哪一步。我们也会定期召开一些大党建工作会议，包括各大部门的负责人，我们也会请他们过来参加，跟他们共同探讨我们的党建工作怎么能支持到企业发展。我们也经常开展丰富多彩、喜闻乐见的活动，像我们的许总，有大型活动都找许总代言，让大家跟许总有一个近距离的接触。这是高层管理者都要共同参与的所有活动，包括先进的评比、标兵的评比。党管人才这块，我始终把党建工作和恒安的人才培育，和我们的组织发展结合在一起来做。党管人才，首先要育人。从一线开始就要打造我们自己的党员标杆线，有两个好处，党员标杆线就是做给大家

看的,我们的精益管理就是从党员标杆线开始的,这条线上全部都是党员,把整个标准化、精益管理做到极致,到全车间、全工厂,最后到全集团进行推广。

同时,党员、人才是双向培养的过程,我们把党员培养为优秀的人才,当然同等条件下,在培养和学习机会方面也肯定是党员优先,当然我们也会把优秀的人才吸引到党组织中来,也要培育他。然后再把这些优秀的党员人才推到技术和管理的岗位上,要他的先进性始终保持领先。他要足够先进才能吸引人,才能引领这个企业向前发展,然后把这些人才推到各级岗位。这是我们的一些技术人才。成为技术人才之后,我们会把他储备在人才库。(20180607,恒安集团访谈)

目前晋工机械有限公司党总支书记由公司总经理担任,其还在公司章程中明确:"党组织在公司发展中发挥政治引领作用";"设立党企共建联席会议";"党组织负责与党委政府部门开展共建工作,了解党的方针、政策,并及时向股东会传达";"公司项目动议、对外投资等重大决策前由股东会的党组织成员表达党组织意见";"实行党组织领导班子和经营管理队伍'双向进入、交叉任职'制度,班子成员及各支部书记由经理层以上人员担任"。

七 强化党对各类人才的管理和培养

保障党对各种新兴和重要技术力量的领导和培养,尤其是科研人才、管理人才和高科技人才。晋江被作为首批省定人才强县试点,紧扣服务实体经济发展这一主线,持续推进人才体制机制改革,实施了一系列先行先试、富有成效的措施。从 2011 年出台全国县级首份优秀人才认定标准,至今形成了较为系统的"1 + 14"人才政策体系,从以企业为主体的创新模式,至今已形成拥有 5 大创新载体、7 家国字号公共技术服务平台、60 家国家级企业技术研发平台的区域创新体系。从以博士后科研工作站为单一的高端人才引进模式，发展到现在的高层次人才"海峡计划"和"海峡杯"创新创业大赛、人才工作联络站等精准化引才聚才品牌。并根据不同时期产业特点，开展对企业家的差异化培训，如 2003 年至今举办八期总裁研修班、12 期"创二代"青商财俊班，定期举办"晋江大讲堂""财智论坛""企业家文化沙龙"等高端讲堂，在经济新常态下，政府实施企业家素质提升行动"领航计划"，产业升级行动"启航计划"，培育了超千名优秀企业家，培育上市企业 46 家，上市企业数量居全国县级市首位。坚持实施高层次人才"海峡计划"，推出引进高端人才"海峡八条"措施，给予创业团队最高超 3000 万元项目扶持资金。实施博士助推产业创新升级"远航计划"，引导博士下沉到产业镇和企业开展智力服务，给予博士最高一次性 50 万元安家补助。2012 年至 2017 年短短六年时间，累计引进 6 名国家"千人计划"专家、21 名省"百人计划"专家、超 200 名博士。晋江市医院与树兰国际医疗合作，设立院士工作站和名医工作室，柔性引进以中国工程院院士、传染病诊治国家重点实验室主任李兰娟领衔的 8 位院士组成的团队。重视技能人才培养，在目前已认定的优秀人才中，技能人才占近30%。2009 年，恒安、安踏等五家知名企业联合创办泉州轻工职业学院，鼓励校企联合培养，推动安踏、361°、七匹狼等 216 家企业与 83 所高校长期开展人才合作，联合办班，设立 2 个国家级、1 个省级技能大师工作室。坚持市场导向，依托海内外专业机构、协会、联谊会、异地商会等，设立纽约、台北、香港、深圳、南京等 9 个人才工作联络站（点）。积极打造持续完善的人才生态系统，晋江市财政设立 1 亿元人才专项资金及 5 亿元政府产业创投引导基金，下设智能装备、创新创业及"互联网＋"3 个子基金，吸引社会资本 6.16 亿元。投入 2 亿多元建设晋江人才大厦，建设政府"一体化"办公服务机构，投入 25 亿元启动拔萃双语学校、树兰国际医院、国际人才社区等高端生活配套设施建设，为人才提供子女就学、医疗保健、居住保障等 10 项生活优待。

分类设立 19 个人才驿站，培育壮大人才社群。

总体来看，晋江"人才强市"战略的主要做法是在前期定政策、搭平台、分类引进的基础上建立市镇企齐抓机制，实施项目化推进，保证每个项目有专门的成员单位牵头、每个项目有一笔资金和一套考评办法配套，实施多元化资金投入，并将人才工作纳入年度基层党建述职考评。2018 年，晋江全市共聚集国家"千人计划"专家 6 人，"国家有突出贡献的中青年专家" 2 人，省"百人计划"专家 21 人，泉州市第一至第五层次人才 262 人，拥有在晋工作博士超 200 人，认定市级第一至第五类工作人才 2350 人，企业经营管理人才 9 万人，高技能人才 2.5 万人，专业技术人才 1.6 万人，社会工作人才 582 人，农业实用人才 4358 人。

八 以党建引领"亲清"政商关系

在晋江经济社会发展的不同时期，晋江市委都能找准党建引领和服务民营企业发展的结合点，想方设法破解非公党建工作遇到的问题和困难，将党建的政治优势转化为推动企业发展的动能，在助力民营企业发展的同时引领构建"亲清"政商关系。

晋江市委以党建工作作为载体，强化企业主思想认同、构建"亲清"政商关系。晋江市委市政府每年召开千人企业家大会，引导企业了解党和政府治国理政中的重大思想转变和重要政策，增进党政企政治互信、思想互通、工作互动，引导和推动企业更好地安排生产活动。

作为政府来说，晋江还有一个关键的经验就是政企的良性互动。晋江市政府很早就提出了市场经济的思维，比如晋江市政府在民营企业发展中扮演的"引路人"角色。现在我们每年都会开一个"千企大会"——千人企业家大会，主要就是统一思想。（这个会）每年都以政府办来牵头，各个部门来配合，每年都会有一个主题，邀请一些做得比较好的、走在前面的一些优秀的企业家在上面介绍，当然也会引进一些在行业领域的专家来为企业作宣讲，这个重点实际上，一是要让企业家认识经济形势，二是引导他们怎么样做，怎么样竞争。每一次"千企大会"，这些企业家，尤其是贡献比较大的，我们是让他坐主席台的，有一些市领导是坐在底下的。（这样做）一是给企业家这个荣誉，二是让他们感觉（到）政府对他的重视。在千企大会上，我们每年会适时推出一批政策。因为晋江的政策修订是比较频繁的，我们两年正常要一次大的修订，每年一次小修订，这个修订都是根据经济发展形势去做相应的修订，可能有一些旧有的政策不适应企业发展的需要，我们每次在政策颁布之前都要做前期的深入调研，向企业征集（意见）。每一次都要考量这个政策是好还是坏，就是看企业家有没有受益。每次"千企大会"都要有一个政策大礼包，也就是在这个时候释放政府的一些意图。因为政策就是一种引导作用，也让企业了解，尤其在企业越困难的时候，他们越需要一些政策的扶持。（20180605，晋江市经信局访谈）

开展"干部进企业"、企业家素质提升"总裁班""领航计划"等实践考察、教育培训，增强民营企业家对党的认同，巩固党在非公经济体系发展中的领导地位。

党委、政府有责任意识，不管是改革开放（前后），每届党委、政府都是负责任、敢担当的。外面有的东西，晋江都积极学习，每一两年晋江市委、市政府都组织企业家到一些先进地区去学习借鉴。一是2003年组织晋江的企业家到北京大学里面开了一个"总裁班"，封闭12天，全天候的，请全国最顶尖的经济学家或者管理学家给他们上课，开拓企业家的视野，提升他们的素质。二是带企业家到国外，很多企业家就是通过晋江市政府的引导开始转变观念的。三是晋江市委市政府善于总结、反省,每到一个阶段都会对以前的发展及时进行总结和反省,阶段性的,最根本的来源还是老百姓、企业的推动,发展先行、瓶颈先移。(20180606,晋江市发改局访谈)

第六节　晋江在推进党的治理体系现代化过程中面临的问题及相关建议

晋江在推动党的治理体系现代化工作中取得了很多成绩,积累了许多宝贵经验,但也面临着一些问题和挑战。首先,晋江主要以中小民营企业为主,促转型、控风险任务在党建工作中显得尤为重要。其次,以晋江为代表的处于工业化成熟阶段、城市化加速优化发展阶段的县域,囿于县域行政地位和机构编制制约,城市基层治理、产业转型升级、公共基础设施建设、公共服务提质等工作突出,党建工作对党务干部的考验和党务干部面临的压力空前。最后,外来流动人口增多、流动性加大,加上90后、00后新生代逐渐成为劳动力主力,各阶层民众利益分化加剧、思想观念差异凸显、文化多元化发展,对党建工作提出了更高的要求。

晋江面临的问题和挑战在某种程度上也是全国层面党建工作的一个缩影和反映。和计划经济体制下相比,当前我国党建工作面临的最大困难和挑战在于:党员、群众的收入和资源日益独立、日益市场化(特别是非体制内的党员、群众);随着全民受教育水平的提高和信息化、全球化进程的加速,民众的观念日益多元化、思想日益独立于国家(特别是90后),原有党建方式和宣传思想工作模式日益不适应这些新变化。因此,需要:重构、扩展党的组织体系,将党的组织体系扩展、覆盖到非公企业和各类社会组织;革新党建工作方式方法,以党员、群众更喜闻乐见的方式开展工作;改善党的领导方式方法,在依法治国的进程中，使党的治理体系以更加制度化、法治化的方式嵌入、引领国家治理体系，从而更好地体现党的意志，更好地发挥党的领导作用。

从某种意义上说，党的治理体系现代化是在新时代中国特色社会主义建设的征程中国家政权建设自新中国成立以来的第二次大变革和大升级，对实现党的长期执政和国家的长治久安，对实现国家治理体系现代化和中华民族伟大复兴都具有重大的现实意义和深远的历史意义。郡县治、天下安。晋江在县域层面对如何在新时代推进党的治理体系现代化和县域治理体系现代化进行了不懈探索，积累了宝贵经验，有利于其他县市及全国层面参考借鉴。

| 第八章 |

县域现代化的"晋江经验"及普遍性意义

在过去 40 余年的改革开放大潮中，晋江无疑是成功的弄潮儿，成为全国县域现代化的先行者。2002 年时任福建省长的习近平同志用六个"始终坚持"和"处理好五种关系"来概括"晋江经验"，全面反映了晋江的现代化实践，进一步引领了晋江的现代化进程。当然，晋江县域现代化的成功，并不意味着其他县市都按照同一个模式、同一个路径去做，实际上完全照搬的做法基本上是难以成功的，我国有 2800 多个县市区，各地有天生的自然地理禀赋和悠久的地方文化传统、人文素养，但是，正如习近平总书记所概括的那样，"晋江经验"实际上有效地处理了市场与政府、本土与开放、文化传统与现代等的关系。① 这些经验背后的道理是值得其他地方学习借鉴的。

第一节 县域现代化的"晋江经验"

"晋江经验"由于习近平同志的概括，变得非常有名，对社会实践特别是对晋江乃至福建省的发展发挥了重要的指导作用。本书在"晋江经验"的基础上进一步对晋江现代化经验进行细化和拓展，或者说

---

① 习近平：《研究借鉴晋江经验　加快县域经济发展——关于晋江经济持续快速发展的调查与思考》，《人民日报》2002 年 8 月 20 日，第 11 版。

是对"晋江经验"进行具体阐释。"晋江经验"于2002年被提出来，到现在已经有17年之久，在这段时间里，晋江现代化建设又取得了显著的成就，积累了一些新经验，从而构成了新的晋江经验，这又是晋江在新时代实现新的现代化发展的基础。

一　"晋江经验"的适用性

从理论上说，任何经验都有一个适用性问题。也就是说，晋江经验并不是放之四海而皆准的，是有一些前提条件的。从历史维度来看，晋江在40年前，并不是一个基础很好的县，相反其基础是相当薄弱的。这里的所谓基础，包括几个方面：自然资源方面，晋江没有什么矿物质；产业方面，由于地处对台前线，国家没有在晋江安排什么产业项目；人才方面，只有这一点跟全国一样，都缺乏人才；等等。但是，晋江也并不是说没有自己的一些有利条件，如濒临海洋，有海外华侨华人以及传统的经商文化等。像这样的县也并不只晋江一个，还有其他一些基础条件相似的县。那么，晋江为什么在过去40余年中能有如此好的现代化建设成就而其他相似的县则不能做到呢？这就给我们讨论晋江经验的意义提出了一些设定的条件。实际上习近平总书记提出的"晋江经验"在一定意义上指出了晋江处理好了有关关系，也正因此，其才有了现在的现代化成就，从这个层面来说，"晋江经验"也就是晋江县域现代化取得成功的条件。如果其他县市如果能如此好地处理好这些关系，也就是说，具备这些条件，那么其现代化建设就有可能会有与晋江相似的进展和成就。当然历史不能假设，但是，可以找出相应的内在逻辑，对其他地方的现代化也许就有参考价值。这就是经验的适用性问题。

晋江县域现代化是在许多方面都比较差或薄弱的基础上起步而成功地走到现在的。当然，在40余年前，几乎所有县都不发达，但是总有一些县条件相对好一些，而晋江事实上却不属于条件好一些的县，而是属于条件比较差的县。晋江现代化的成功意味着一个基础薄弱或者条件差的县是可以通过"借用"一定的技术、资源和组织形式来实现现代化的。晋江现代化的技术路径是从"三闲"起步,先搞农村工业化,然后迈向区域工业化,接着是带动城市化和社会建设,最后实现社会、经济、生态和文化协调进步。

二 市场决定性作用的县域范本

在晋江的经济现代化过程中,政府虽然也发挥了很重要的作用,但是,市场始终是决定性配置机制,即始终坚持以市场经济为导向,让市场在经济发展中发挥决定性的作用。在过去40余年中,晋江的所有政策都指向尊重市场以及如何在市场中增强晋江经济主体的竞争能力以及形成有利于市场的营商环境。20世纪80年代初,当市场还没有被认可的时候,晋江就大胆出台"五个允许"等政策,鼓励农户联户集资,参与商品经济发展,从而带动了农村工业化。晋江政府和晋江企业始终认为,打造核心竞争力是赢得市场的砝码。长期以来,晋江紧紧咬住实体经济发展不放松,避免"脱实向虚",打造特色经济和品牌经济,建设产业集群和品牌之都,因此保持了经济可持续的快速发展。

市场是晋江得以走到今天的活水源头。在计划经济时代,晋江并没有得到优先发展的机会和动力,因而是改革开放成就了晋江的现代化发展。当然,笼统地谈市场的决定性作用还是不够的,要使市场发挥决定性作用,首先,政府应该从体制机制和政策方面为市场的作用发挥提供空间,而不是阻碍其作用;其次,需要有一批市场的探索者、参与者和使用者,市场不是凭空发挥作用的,而是由市场的探索者、参与者和使用者作为载体来传递影响的。换句话说,晋江人通过自己的努力去拓展市场、开辟市场,而不是等着市场上门找企业、找人。所以,从晋江的现代化经验中可以看出,市场的决定性作用需要政策体制和人的参与来确保，否则只是一句空话。对晋江自身来说，其在市场的开拓上，不仅仅限于国内，已经向国外拓展，而且即使在国内市场上，也开始向专业化、高质量方向行进。所以，当前晋江基于国内外市场的需要，围绕着国际创新城市战略目标，努力推进产业结构升级和调整，做强、做优传统产业，同时布局新兴和高新产业，融入全球市场，进一步提升自己的经济实力。

三 本地优势资源的挖掘

认识自身优势，充分挖掘本地的人文、社会资源，是晋江现代化成功的另一个密码。可以说，晋江人把自己的本地优势资源加以充分挖掘和使用。晋江的地方优势是拥有晋江人爱拼敢赢和善于经营的人文精神、丰富的海外华侨资源等，晋江利用这些资源和优势通过包容、善待外来劳动力资源，充分调动了他们参与晋江现代化建设的积极性。

也许爱拼敢赢不一定是晋江所独有，实际上其他许多地方也有这样一种精神传统，但是，这也不能反过来否认其是晋江的一大优势。如果没有这种爱拼敢赢的精神和毅力，那么在 20 世纪 70 年代末和 80 年代搞民营经济，几乎寸步难行。晋江人在过去的经济发展中也经历了一些挫折，碰到许多障碍，他们如果没有这样的精神，就难以克服障碍，更谈不上前行。最典型的案例就是"假药案件"，这给晋江的民营经济带来很大的消极影响，但是晋江人反而从这个案件中汲取教训，继续朝着市场经济方向发展。

善于经营的人文精神以及海外社会关系资源是晋江的另一大本土优势。晋江领导深刻地认识到了这一点，不断地说，晋江现代化离不开五类人群：晋江企业家、晋江华侨、新晋江人、晋江各级干部以及晋江老百姓。让所有晋江人（包括新晋江人和华侨）找到发挥动能和作用的空间和机会，是晋江县域现代化成功的根本密码。实际上，每个地方都有自己的本地资源，关键是要让这些资源能够在市场上进行有效的配置，发挥其最大效用。当然最大的资源是人，只要激发每个人的积极性，发挥他们的动能，就能产生难以预料的效果。

四 一县同城、城乡一体的新型城镇化

如果说人口向城镇集中是传统城镇化，那么，一县同城、城乡一体化可谓新型城镇化的形式。新型城镇化是晋江县域现代化的载体和重要表现。没有城镇化的工业化是低水平的，城镇化是工业化上水平、上台阶的必然要求，也是现代化发展的内在要求，城镇化到了一定程度就会出现城乡趋同、一体，特别是晋江作为一个县级市，一县同城、城乡一体化的可能性是最大的，是必须要实现的，否则，如果一个县域内城大村小、城乡不平衡，那就不能实现高质量的县域现代化。在改革开放早期，晋江跟全国其他地方一样，一度出现城镇化滞后于工业化的问题，而且城镇化处于自发状态，但是，从 20 世纪 90年代开始，特别是进入 21 世纪后，晋江对城镇化进行科学规划，实施了一个县一座城市的规划，城镇化和城乡一体化同步进行，全面提升了晋江现代化水平。

但是，晋江的一县同城、城乡一体化还没有完成，整体城市化水平还有待提高，还不能与厦门、福州、上海、深圳等大城市、超大城市同日而语，离国际化要求还有相当大的距离。反过来说，这也是晋江在今后的现代化建设中要努力去追求和实现的目标，即晋江自己提出来的创新型国际化城市（中等城市）。不管怎样，晋江在县域层面推动的新型城镇化实践，预示着中小城市及小城镇也可以有广阔的发展前景，为破解我国城镇化困局提供了政策路径，那就是推进县域城镇化、现代化，化解大量人口集中大城市、超大城市而带来的各种社会、经济、文化和生态问题。只有县域实现了城乡一体化、一县同城的发展，我国的城乡关系才会获得实质性的平衡发展。晋江正在为这样的现代化社会形态进行探索。

五　全面体现社会建设的重要性

社会建设是县域现代化的内在要求，也是确保县域现代化行稳致远的根本保证。经济建设旨在把经济这块蛋糕做得越大越好，而社会建设则让这块蛋糕为所有人所分享，尽可能降低不公平水平、缩小收入差距，反过来也可以激发所有人更加积极地参与社会建设。当然，也许有人认为，收入差距过小会影响经济效率，容易产生懒惰问题。晋江在经济发展的同时也在着力推进社会体制改革，制定了包容、公平和积极的社会政策，让所有晋江人（包括长期工作和生活在晋江的常住外来人口，又称新晋江人）都享受到晋江现代化成果，更好地激发他们参与晋江现代化建设的积极性和动力。

晋江之所以能取得如此大的现代化发展的成就，与其有和谐的社会关系和积极活跃的社会氛围密切相关，与其社会建设紧密关联。晋江社会建设的特色有以下几点。一是给予所有在晋江工作、居住的人公平的政策待遇和权利，尤其是公平对待为晋江现代化做出巨大贡献的外来人口，在晋江，外来常住人口可以申请落户，可以申请公租房等。二是晋江户籍居民在市场经济建设中培育了包容的精神，社会没有排外问题，不会歧视外来人口。三是晋江人历来有乐善好施的传统，加上现代慈善事业的快速发展，因此，营造了一种人人关心公益、互帮互助的活跃慈善氛围。四是社会组织得到快速发展，因而提升了社会自我服务和自我治理的水平。由此，作为现代化最重要一部分的社会文明程度获得明显提高。

六　"亲清"政商环境

"亲清"的政商关系是晋江现代化走向成功的又一重要"神器"。要激活人这一生产力要素，一方面需要政府给他们提供良好制度，帮助他们解决创业、经营和就业上面临的困难，另一方面不能对他们施以行政强制，更不能与他们构建利益交换关系（特别是腐败问题）。凡是经济发展比较好的地方，一般来说，政商关系也会比较顺畅。因此，地方营商环境的好坏，特别是政商关系的好坏，对一个地方的经济发展状况有着至关重要的影响。晋江的现代化就是很好的例证。

从上面的政商关系章节的论述中可以看出，晋江政府（包括党系统）在不同阶段对经济发展一直扮演着积极的引领者、助手和推手的角色。在改革开放初期，晋江政府扮演了工业化、商品经济发展的庇护者角色，在后来又扮演着引领企业重质量、诚信和品牌建设的角色，还担当帮助企业上市融资的助手和推手。总而言之，晋江历届政府都很好地把握了保持政策连续与推动战略创新的辩证关系，没有出现其他一些地方常见的换一届政府换一种做法的混乱现象。每一届政府都不会搞短期行为，都会注意为下一届政府打基础，创造更好的发展条件，而后一届政府总会保持上一届政府的政策，并努力把上一届政府取得的发展成果推向新的发展高度。在这个过程中，也没有出现政府官员与企业合谋的腐败问题。良好的"亲清"政商关系不仅有效地留住了晋江的企业，而且更好地吸引了外来资本来晋江投资创业。

晋江的政商关系之所以比较好，是有传统的。我们的调查显示，晋江的市委和市政府领导班子对晋江情况很熟，有的长期在晋江工作，有的曾在晋江工作过一段时间，后来又返回晋江工作等。更重要的是晋江以民营经济为主体，在改革开放初期，政府在对其干预上一时还找不到着力点，这让晋江干部认识到，不干预有助于经济发展，由此养成一种政商关系传统。还有一层原因是晋江大部分中层干部和普通干部都有亲戚朋友从事经济活动，也了解经济活动的内在规律和要求。所有这些因素使得政府有一个比较好的市场观念和意识，知道该如何行动及行为边界。所以，从某种意义上说，晋江政商关系是在现代化进程不断进步而形成的现代"亲清"关系。

七 党的治理现代化

现代化营商环境和"亲清"政商关系的营造和建构，离不开党的治理现代化。晋江在党的治理现代化上积累了许多宝贵经验。首先，晋江党组织实现了全覆盖，党组织的作用越来越明显，特别是晋江非公企业的党建工作尤为突出。1986 年恒安公司成立了晋江首个外商投资企业党支部。30 年后，晋江已有非公企业党组织 1170 个，社会组织党组织 90 个，直属管理党员 6813 名，兼合管理党员 1.2 万名，并涌现出一批国家级、省级先进党组织和党建品牌。

其次，晋江不断创新党建和党的治理机制，创建了不同的党组织覆盖机制、协调机制、联动机制、融合机制。再次，打造了一些党建工作品牌，如"二带十"区域化党建工作模式，以区域方式推动先进、中间及后进党组织"捆绑式"发展。最后，以人民群众喜闻乐见、易于接受的方式，如运用微信群、QQ 群、微博和微信公众平台等新媒体，创新、丰富党建工作内容，增强党组织的吸引力和凝聚力。

以前人们更关注政府治理现代化方面，而对党的治理现代化给予的关注不多，一般都把两者等同看。事实上，党的治理是核心，是关键，没有党的治理现代化，就会影响政府治理和社会治理现代化。晋江的民营企业党组织实现了全覆盖，更重要的是晋江的民营企业党组织嵌入到企业的管理、生产以及社会责任之中，发挥了其独特的作用：凝聚人心、强化组织的合法性、提升生产和管理效率、增强人事制度公平性和透明性等。在这个过程中，党的治理也找到了自己的空间和位置。

第二节　晋江县域现代化高质量发展及其示范意义

在改革开放 40 余年中，晋江县域现代化取得了巨大的成功。晋江已经建成了以市场为导向、以技术创新为支撑的、面向全球的开放的现代化经济体系，民生福祉得到了极大的提升，现代化的社会结构初步形成，市场、社会和政府之间形成了有效的合作关系，传统文化与现代文明在更高水平上实现了融合。当然，面对国内外发展以及人们对美好生活的追求，打造具有国际竞争力、高品质的创新型城市，是晋江下一步努力的现代化目标。基于对晋江的调查研究，本书认为，晋江可以在以下几方面下大力气来提升其现代化水平。

一是构建县域创新人才教育、培训和孵化基地。虽然晋江最近几年采取了各种优惠政策大规模引进人才，但是，还不足以支持晋江企业、产业转型以及城市国际化的需求。目前晋江最缺的是高端人才，这不是靠引进能解决的，需要构建自己的人才教育和培训体系。首先，如果有可能的话，晋江尽快争取申办一所综合型大学，如果自己单独申办不可能，也可以争取与国内著名大学或者国外著名大学合办一所大学。目前的福州大学分校是一种模式，但是，其规模还是比较小，而且其专业是否切合晋江的发展需求的，还有待长期的磨合。其次，打造县域政商人才培训基地，既为晋江培训相应人才，也为全国其他县市提供培训服务，这个基地可以联系国家一些部委，共同合办。把现有的民营企业家"领航计划"纳入到这个基地中，建立长效培训机制。从长远来看，晋江可以把培训基地作为一个新兴产业来打造，搞一个培训产业园区，提供全国乃至世界相关人才的培训。通过这样的产业园区，可以把晋江现代化经验向全国乃至世界输送，提升晋江的软实力。最后，鼓励同一行业内的企业联合兴办职业学院，做大做强职业教育。兴办这样的职业学院，可能不仅只是为企业培养人才，还可以发挥学院的研究功能，针对企业发展进行战略性、规划性和专题性研究，使得晋江的这个行业在全国乃至世界上都有一定的话语权，特别是可以积极参与行业标准的制定和修改，甚至可以提供自己的行业标准，这样就可以提高晋江在行业中的主导权和影响力。

二是利用多方资源和杠杆，推动传统产业升级发展，并加快布局高新和新兴产业。目前晋江传统产业已经形成相当大的规模，但是竞争力有待提高，最近几年利润率在下降，原因是企业的研发力量不够，经营模式创新不足，国际化程度不高。高新产业和新兴产业尚在培育中，民营资本对新兴产业的了解程度不够，风险意识强，因此参与的积极性和动力不足，在一定程度上限制了新动能的形成。而且中美贸易摩擦对有些公司的影响很大，在一定程度上限制了民营资本的行动。在这种情况下，引进来、走出去，成为传统产业升级的必由之路。也就是说，传统产业必须跟国内和国际相关企业进行合作，也必须走向世界，只有积极参与世界竞争，才能有动力进行产业升级。与此同时，国有企业也进入高新和新兴产业，但其不能取代民营企业的作用。政府要从政策、财政、税收乃至人才引进和培育等方面去帮助传统产业升级转型，并为它们进入高新和新兴产业提供风险防范机制。

三是加快促进营商环境法治化、国际化和便利化。法治化是构筑良好营商环境（特别是政商关系）的基础。法治化是一个长期建设的过程，晋江作为县级市，在立法上可能没有多大的自主空间和权力，但是可以通过制定相应的地方法规、条例和文件，对营商环境进行清晰的界定和规范，使得社会各个主体在互动中有所依凭，确立明确的行动模式。与此同时，在营商环境方面可以建立一系列综合平台，特别是比照世界上最先进的做法，为经济活动提供便捷的服务。最后充分发挥诸如企业基金会、社区基金会、智库、社会服务机构等社会组织的作用，构筑多元共治的社会格局。

四是坚持"城乡一体、产城融合"理念，改革和创新新型城镇化机制，完善公共服务体系，打造高品质、国际化的"乡城"宜居晋江。晋江的目标是国际化，因而就要有国际化的要求和标准。城乡之间在发展上不应是隔离的，更不能是差别明显的。在社会环境上，也需要以国际化的要求去培育。在晋江生活的外国人不仅意识到在晋江可以创业赚钱，而且还感受到在晋江生活的舒适、方便和包容，甚至还觉得晋江是一个有文化品位的城市。所以要做到这些，晋江的现代化理念还需要进一步更新、创新，把晋江打造成一个城乡一体、既有国际元素又有晋江特色的城市。

五是进一步加强社会建设和生态文明建设，尤其是要用最先进的社会建设理念，引导传统社会向现代社会转型，并让社会组织和社会力量更多地在未来晋江现代化建设和发展中发挥与政府和企业相互协调和合作的作用。晋江有着丰富的社会建设资源，比如慈善资源、传统的社区资源以及各地融入晋江所带来的多样社会文化资源等。晋江也在努力地让这些资源得以组合，发挥其对社会发展和进步的作用，但是，这方面还是存在一些体制、机制、政策和观念上的障碍。对晋江迈向创新型、高品位的国际化城市来说，社会建设已经到了与经济建设同等重要的地步，如果不好好地抓社会建设，就难以实现其目标。社会建设的关键还是激发和培育更多的社会建设主体，形成多元合作的社会建设格局。

六是以更先进的理念、更科学的方法和更进步的体制、机制，促进党的治理现代化，更有效地应对全球化、观念多样化、市场化的挑战，从而引领政府治理、社会治理和市场治理现代化。在晋江，党的治理现代化已经开启，但是，从理念、机制、技术以及实践等方面，都还有很大的改进、提升空间。首先，要明确提出党的治理现代化这一理念；其次，明确党的治理现代化的内涵和外延，然后便是从机制、方法上寻找实践方案。虽然党的治理现代化也是一个不断进行的过程，但是，没有党的治理现代化，就会阻碍其他方面治理的现代化。因此，要把党的治理现代化作为所有治理现代化的核心来抓。

晋江县域现代化的成功以及未来所展现出的前景和困境，在一定程度上有着示范效应。正如上面总结经验的时候所提出的那样，晋江的启示是，一个缺乏自然资源的县是可以实现现代化的，实际上全国其他县市也都在努力去圆自己的现代化梦想。当然，晋江的经验也不是想学就能学到、学到就能做到的。因为晋江在现代化进程中所处的时空地位和条件有其独特性，是不可复制和再生的。当然这里的启示也只是晋江在发展中在处理各种关系上确实有一些普遍性的内容或者规则，对其他地方的发展是可以有启迪意义的。在中国，县域的现代化是相对滞后的，但是县域占据的面积之大、拥有的人口之多，是不可忽视的，没有县域现代化，中国现代化就会失衡，就会不平衡，这就是当前和今后相当长时间内中国所面临的主要社会矛盾。晋江的成功和未来走向可以为解决这个主要社会矛盾提供可参考的方案，这里也包括其他一些发达县市所取得的成功经验。

参考文献

黄陵东、赵彬、王春光、严书翰等：《中国县域发展：晋江经验》，北京：社会科学文献出版社，2012。

晋江市住房和城乡建设局：《在"'晋江经验'的实践与发展"调研座谈会上的发言》，2017年1月。

习近平：《研究借鉴晋江经验 加快构建三条战略通道——关于晋江经济持续快速发展的调查与思考》，《福建日报》2002年10月4日，求是版。

习近平：《研究借鉴晋江经验 加快县域经济发展——关于晋江经济持续快速发展的调查与思考》，《人民日报》2002年8月20日，第11版。

中共福建省委、人民日报社联合调研组：《积极探索中小城市新型城镇化之路——福建省晋江市推进新型城镇化的经验与启示》，《人民日报》2014年12月22日，第13版。

跋

2018年，中宣部组织开展庆祝改革开放40周年"百城百县百企"调研活动。晋江入选百县调研点，由中国社会科学院社会学研究所承担调研任务、社会学所副所长王春光研究员担任课题主持人。中国社会科学院社会学研究所高度重视，成立课题组赴晋江实地调研，课题组成员主要由社会学所科研人员（王春光、杨典、刁鹏飞、房莉杰、肖林、吕鹏、李振刚、张文博、向静林等9人）及中国社科院研究生院和中国社会科学院－上海市人民政府上海研究院硕博研究生（刘艺、欧阳璇宇、向凌铁、刘金龙、焦思琪、董喜霞、周钰等7人）等构成。课题组与晋江市近30个部门先后进行了36场集中座谈与深度访谈，分组调研村镇20个、工厂企业24家、居民家庭20户。该课题成果《中国特色县域现代化的成功探索》调研报告入选庆祝改革开放40周年"百城百县百企"调研丛书。

本书即是以此次课题调查为基础，并在调研成果报告上修改扩充而成。书稿共包含8章，其中第一章、第八章作者为王春光研究员，第二章作者为向静林博士，第三章作者为吕鹏研究员和陈玮博士（华东理工大学公共管理学院），第四章作者为肖林副研究员，第五章作者为张文博博士，第六章作者为李振刚博士，第七章作者为杨典研究员和欧阳璇宇硕士研究生。

初稿既成，晋江市委宣传部即刻组织晋江市各部门立足晋江实际、结合单位职能，在充分阅读书稿（征求意见稿）的基础上提出修改意见，总共收到晋江市组织部、统计局、财政局、金融局、住建局、发改局、科技局、公安局、民政局、人社局、卫健局、林业和园林绿化局、自然资源局、水利局、行政服务中心、政法委、政协、流动人口服务中心（排名不分先后）等多个部门近百条大小反馈意见和情况说明。本书成稿也是在认真吸取相关反馈意见后，最终修改定本。

借此，课题组和写作组成员特别对晋江市委、市政府以及各政府部门尤其是晋江市委宣传部的大力支持深表感谢！同时亦向上述部门及各位相关人员的支持、参与及对本书所有形式的贡献诚恳致谢！

课题组

2019 年 7 月 20 日

图书在版编目(CIP)数据

县域现代化的"晋江经验" / 王春光等著. -- 北京:
社会科学文献出版社,2019.8

ISBN 978 - 7 - 5201 - 5203 - 7

Ⅰ.①县… Ⅱ.①王… Ⅲ.①县级经济 – 区域经济发
展 – 经验 – 晋江 Ⅳ.①F127.574

中国版本图书馆 CIP 数据核字(2019)第 150526 号

县域现代化的"晋江经验"

著　　者 / 王春光　杨　典　肖　林　张文博　吕　鹏 等

出 版 人 / 谢寿光
组稿编辑 / 谢蕊芬
责任编辑 / 胡庆英

出　　版 / 社会科学文献出版社·群学出版分社 (010)59366453
　　　　　　地址:北京市北三环中路甲 29 号院华龙大厦　邮编:100029
　　　　　　网址:www.ssap.com.cn
发　　行 / 市场营销中心 (010)59367081　　59367083
印　　装 / 三河市东方印刷有限公司

规　　格 / 开　本:787mm×1092mm　1/16
　　　　　　印　张:13.5　字　数:193 千字
版　　次 / 2019 年 8 月第 1 版　2019 年 8 月第 1 次印刷
书　　号 / ISBN 978 - 7 - 5201 - 5203 - 7
定　　价 / 79.00 元

本书如有印装质量问题,请与读者服务中心 (010 – 59367028)联系